Europäischer Zisterzienserweg durch die UNESCO-Biosphärenreservate Schaalsee und Flusslandschaft Elbe: Pilgern mit Hund von Rehna nach Lauenburg

Christian Hottas

Europäischer Zisterzienser-Weg durch die UNESCO-Biosphärenreservate Schaalsee und Flusslandschaft Elbe

Pilgern mit Hund von Rehna nach Lauenburg

Christian Hottas

Impressum

Bibliografische Information der Deutschen Nationalbibliothek: Die Deutsche Nationalbibliothek verzeichnet diese Publikation in der Deutschen Nationalbibliografie; detaillierte bibliografische Daten sind im Internet unter dnb.dnb.de abrufbar.

Verlag: BoD · Books on Demand GmbH, In de Tarpen 42,

22848 Norderstedt

Druck: Libri Plureos GmbH, Friedensallee 273, 22763 Hamburg

ISBN: 978-3-7583-5077-1

INHALTSVERZEICHNIS

DANKSAGUNG

Auch bei diesem Pilgerprojekt haben Kito und ich immer wieder Hilfe und freundliche Unterstützung erfahren, ohne die wir diesen Weg nicht so einfach und intensiv hätten erleben und erwandern können.

Stellvertretend für viele möchte ich hier nennen: Christine Schroeder, meine Partnerin und Kitos Frauchen, die uns nicht nur zum Start nach Rehna fuhr, sondern auch am Ende des ersten Tags von Kneese Dorf zur Pilgerherberge in Rehna und am folgenden Morgen wieder zurück nach Kneese Dorf; Angelika Krause, die als Kirchenälteste in Rehna auch für die dortige Pilgerherberge zuständig ist; Pastor Jürgen Meister und das Ehepaar Kloweit, die uns die Übernachtung im Gemeindehaus in Zarrentin ermöglichten; Familie Papenfuß, unsere Gastgeber in Groß Bengerstorf; und Britta Stolpmann vom Gemeindebüro in Boizenburg, die uns im Gemeindezentrum ebendort willkommen hieß.

Sie alle haben uns sehr herzlich und gastfreundlich unterstützt und uns diese erlebnisreiche und schöne Pilger-/Wanderreise ermöglicht.

EINLEITUNG

Dieses Buch beschäftigt sich – wie schon der Name es beschreibt – nicht mit einem Jakobspilgerweg. Es beschreibt vielmehr ein Pilgerprojekt auf den Weg der Zisterzienser von Rehna nach Lauenburg. Dieses vom Klosterverein Rehna erarbeitete Angebot ***„Europäischer Zisterzienser Weg durch die UNESCO-Biosphärenreservate Schaalsee und Elbe"***, zu dem der Verein eine Karte mit zusätzlichen Informationen herausgibt, ist eine regionale Modifizierung des europaweiten Zisterzienser-Wegenetzes, das sich über fünf europäische Länder erstreckt.

Unter dem Titel ***„Europäischer Weg der Zisterzienser"*** werden seit 2015 die alten traditionellen Wege zwischen den Zisterzienserklöstern in Polen, Deutschland, Österreich, Tschechien und Frankreich erforscht und wieder zum Leben erweckt. Bei den Zisterziensern war es nämlich Usus, dass der Abt eines Mutterklosters (oder sein Beauftragter) die dazugehörigen Tochterklöster mindestens einmal jährlich visitierte (besuchte), um dort nach dem Rechten zu sehen. Zudem trafen sich alle Äbte einmal pro Jahr zur Generalversammlung im zentralen Gründungskloster der Zisterzienser in Citeaux (Burgund).

Bei so vielen Reisen lag es nahe, dass sich bestimmte Routen entwickelten, die in den kalten, nassen Monaten wohl eher über Höhenwege, in trockenen, heißen Sommern eher durch wasserführende Täler führten. Ein solcher gut 300 Kilometer langer Weg zwischen dem Kloster Loccum (in Niedersachsen) und seinem Mutterkloster Volkenroda (in Thüringen) ist bereits seit rund 15 Jahren als Pilgerweg ausgewiesen und markiert.

Viele der anderen Weg-Abschnitte wurden jedoch erst in den letzten knapp zehn Jahren wieder erschlossen, wobei es für die Zisterzienser-Wege kein eigenes zusätzliches Wegzeichen gibt. Da auch die Zisterzienser-Mönche auf ihren Dienstreisen dasselbe

Netz an „Altstraßen" und Städten nutzten, auf denen auch andere Reisende, Boten, Kuriere, Händler, Jakobspilger u.a. unterwegs waren, weist die im Web abrufbare Wegekarte (siehe www.zisterzienserweg.eu bzw. https://cisterscapes.eu/) lediglich aus, mit welchen bereits vorhandenen Wegzeichen die jeweiligen Streckenabschnitte markiert sind.

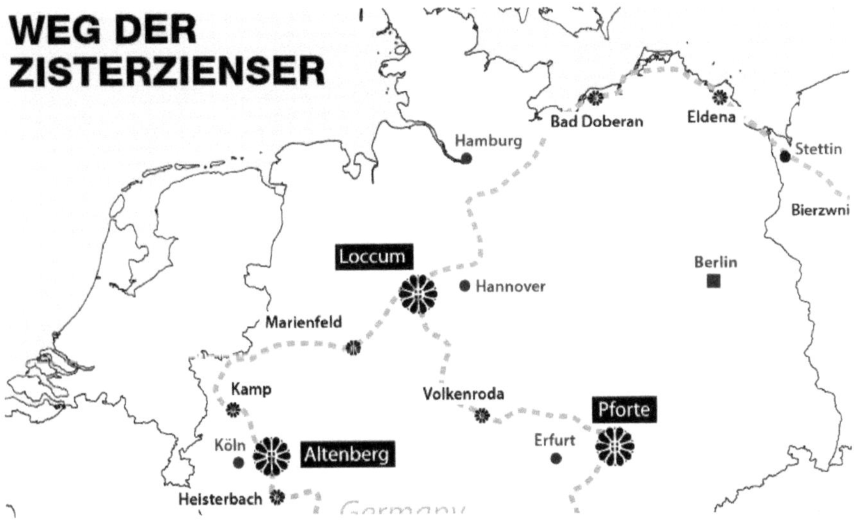

Kartenausschnitt des Zisterzienser-Wegenetzes in Norddeutschland. Quelle: www.cisterscapes.eu

Eigentlich kommt Rehna in dem dort dargestellten „offiziellen" Verlauf des „Europäischen Wegs der Zisterzienser" gar nicht vor. Der Zisterzienser-Weg im heutigen Norddeutschland führt vielmehr von Doberan **über Schwerin** nach Zarrentin und von dort dann weiter nach Boizenburg und Lauenburg. Dass Zarrentin zu diesem Wegenetz gehört, ist einleuchtend, denn das Kloster Zarrentin war schließlich durchgehend von seiner Gründung 1246 bis zu seiner Auflösung 1553 ein Zisterzienserinnenkloster.

Das 1254 gegründete Frauenkloster Rehna dagegen war erst ab 1518/19 bis zu seiner Auflösung 1552, also nur 33-34 Jahre lang, ein

Zisterzienserinnenkloster. Andererseits muss es in diesen Jahrzehnten ja aber auch von irgendwoher visitiert worden sein.

Mit dem Projekt *„Europäischer Zisterzienser Weg durch die UNESCO-Biosphärenreservate Schaalsee und Elbe"* modifiziert der Klosterverein Rehna also, was durchaus legitim ist, das Zisterzienserwegenetz. Dabei bedient er sich seines eigenen Pilgerwegs *„Klosterdreieck Ratzeburg – Rehna – Zarrentin"*, um von Rehna aus kurz vor Zarrentin den ausgewiesenen Verlauf des Zisterzienserwegs zu erreichen und diesem dann bis nach Lauenburg zu folgen. „Ganz nebenbei" erschließt er zugleich auch, wie der Projektname beinhaltet, die beiden UNESCO-Biosphärenreservate, nämlich Schaalsee (bis Zarrentin) und Flusslandschaft Elbe Mecklenburg-Vorpommern.

Da ich es durchaus reizvoll finde, irgendwann einen Teil der Nordroute des „Europäischen Wegs der Zisterzienser" – nämlich den von Doberan über Lauenburg und Lüneburg bis nach Loccum und von dort den Abzweig zum Loccumer Mutterkloster Volkenroda in Thüringen – zu gehen, kommt mir dieses Wegsegment von Rehna nach Lauenburg, quasi als Schnupperobjekt, durchaus gelegen. Mit gut 100 Kilometern ist es überschaubar kurz, so dass Kito und ich es je nach Übernachtungsoption in drei bis fünf Tagen schaffen können.

PLANUNG & VORBEREITUNG

Die Planung dieser nur gut 100 Kilometer ist verhältnismäßig unkompliziert. Der erste Abschnitt von Rehna nach Zarrentin entspricht bis auf einen etwas verschlankten Anfang dem Nonnenweg des Klosterdreiecks. Diesen Weg sind wir bereits am 22. April gegangen. Laut Web war er 34,5 Kilometer lang, real aber ganze 41 Kilometer. Wir hatten damals das Anfangsstück genauso verschlankt, wie es der Weg der Zisterzienser macht, hatten im Mittelteil eine Schleife verpasst und waren ab Lassahn den Fuß-/Radweg entlang der Kreisstraße gegangen, womit wir auf 36,9 Kilometer kamen.

Dies war bei tagsüber um 12 °C gut machbar. Da ich aber von höheren Temperaturen im Juni ausgehe, möchte ich diese Etappe unbedingt auf zwei Tage aufteilen. Dazu verabrede ich mit meiner Partnerin Christine, dass sie am späten Nachmittag unseres ersten Pilgertags mit dem Auto vorbeikommt und Kito und mich nach Rehna zurückfährt, wo wir dann zu dritt in der Pilgerherberge übernachten. Am Morgen des zweiten Tages bringt sie uns zurück auf die Strecke und fährt dann wieder heim nach Hamburg, während Kito und ich nach Zarrentin weiterpilgern.

Die Übernachtungen in der Pilgerherberge Rehna und im Gemeindehaus der Ev.-lutherischen Kirchengemeinde Zarrentin kann ich am 4. Juni telefonisch sichern, ebenso die dritte Übernachtung in der Pension Papenfuß in Groß Bengerstorf. Damit werden unseren beiden ersten Etappen zusammen gut 41 Kilometer lang sein, Etappe 3 dann etwa 23,5 Kilometer.

Bis Boizenburg/Elbe sind es an Tag 4 dann weitere knapp 27 Kilometer und bis zum Ziel in Lauenburg nochmals 13 Kilometer. Für das Gemeindehaus der St.-Marien-Kirche in Boizenburg frage ich am 4. Juni schon mal per Mail an. Zwei Tage später erhalte ich auf demselben Weg die Zusage und Bestätigung.

Mein Pilgerrucksack ist sowieso immer halb gepackt: Waschzeug, eine dünne Isomatte, mein leichter Deckenschlafsack, und ein paar saubere Wäschestücke sind immer parat. So muss ich nur wenig hinzufügen.

Ich gönne mir vier Paar Socken für den täglichen Sockenwechsel, zwei Unterhosen, ein T-Shirt, dazu ein langärmliges Funktionsshirt und eine dünne Fleecejacke, einen 65 Gramm leichten Folienponcho. Dazu kommen noch Kitos Wasserflasche und Maulkorb (den er zwar nie braucht, aber den wir mitnehmen, falls es irgendwo Maulkorbpflicht geben sollte). Die letztgenannten Utensilien befestige ich mit kleinen Karabinerhaken außen am Rucksack.

Am Körper trage ich einen Gürtel mit einem Flaschenhalter, in dem eine 0,75-l-Flasche Wasser Platz findet, T-Shirt, Trekkinghose und -schuhe und natürlich eine Mütze als Sonnenschutz.

Die Wanderkarte kommt in einem DIN A5 Klarsicht-Brustbeutel mit, den ich entweder in der linken Hosenbeintasche unterbringe oder mir um den Hals hänge. In einem weiteren derartigen Brustbeutel verstaue ich unsere Pilgerpässe (Kito hat natürlich seinen eigenen), denn wir wollen selbstverständlich auch diesen Weg mit Stempeln dokumentieren.

Als Verpflegung nehme ich mit: 2-3 Brötchen, Teewurst in einer Plastikdose (hält sich von allen Wurstsorten ungekühlt am besten), Cabanossis, Kaffeegranulat in Stix, 2-3 Tütensuppen. In Rehna hat die Herberge eine Mikrowelle und einen Wasserkocher, in Zarrentin das Gemeindehaus einen Wasserkocher und eine Kaffeemaschine. Außerdem gibt es in 300 m Entfernung einen REWE-Supermarkt und einen Dönerladen.

Als Luxus leiste ich mir die Mitnahme meines Laptops und meiner Canon 100D. Sie ist das leichteste digitale Canon-Spiegelreflexmodell und beim Pilgern mit einem Reisezoomobjektiv bestückt. Dazu kommen die passenden Netzkabel für den Laptop und Ladegeräte und Reserveakkus.

ANREISE

Je nach Lage des eigenen Wohnsitzes bietet es sich bei einem solchen Punkt-zu-Punkt-Weg natürlich an, sein Auto im Zielort abzustellen, von dort mit öffentlichen Verkehrsmitteln nach Rehna zu fahren, und in Lauenburg gleich Auto und zusätzliches Gepäck (Wechselkleidung) zur Verfügung zu haben.

Wohnt man dagegen weiter im Norden, ist es zumindest zeit- und kostensparend, in Rehna zu parken und mit den „Öffis" von Lauenburg zum Auto zurückzukehren.

Diese Verbindung Lauenburg – Rehna kostet für Kito und mich aktuell mit dem Mecklenburg-Vorpommern-Ticket 27 Euro.

Für mich, der ich seit mehr als 45 Jahren in Hamburg sesshaft bin, bietet sich auch die An- und Abreise mit der Deutschen Bahn an. Hierbei lohnt es sich jedoch unbedingt, ein wenig zu tricksen: Während ein bei der Bahn gekauftes durchgehendes Ticket für Kito und mich mit gut 69 Euro zu Buche schlägt, kostet ein Ticket des Hamburger Verkehrs-Verbunds (HVV), bei dem Hunde gratis mitfahren, bis Reinfeld (Holstein) nur 10,20 Euro und das lückenlose Anschlussticket für uns beide nur noch knapp 20 Euro. Damit ist die Anreise mehr als 30 Euro günstiger. Die Rückreise ab Lauenburg kostet beim HVV dann nur noch 8,40 Euro.

Letztlich reisen wir jedoch per Auto an: Christine, meine Partnerin und Kitos Frauchen, bringt uns mit ihrem Wagen nach Rehna. Am Ende der ersten Tagesetappe trifft sie uns in Kneese Dorf, übernachtet dann mit uns in der Pilgerherberge in Rehna und fährt, nachdem sie uns zu Beginn des zweiten Tages wieder in Kneese Dorf „ausgesetzt" hat, wieder nach Hamburg zurück. Dies ist natürlich eine Art „Luxus-Variante", die wir gleichwohl sehr gerne nutzen und zu schätzen wissen.

KLOSTER REHNA:
BENEDIKTINERINNEN 1230-1319, PRÄMONSTRATENSERINNEN 1319-1518/1519, ZISTERZIENSERINNEN 1518/1519-1552

Rehna wurde um 1150 von Siedlern aus dem hessischen Rhena gegründet. Die erste Kirche des Ortes wird bereits um 1230 im Ratzeburger Zehntregister aufgeführt, das die damals zum Bistum Ratzeburgs gehörenden Ortschaften, nach Kirchspielen geordnet, auflistet. Diese Zuordnung galt jedoch nur kirchenrechtlich. Territorial gehörte Rehna nie zum Hochstift (Fürstbistum) Ratzeburg bzw. dem ab 1648 nachfolgenden Fürstentum Ratzeburg (einem Teilgebiet des Herzogtums Mecklenburg-Strelitz), sondern immer zum Herzogtum Mecklenburg(-Schwerin) und war bis 1918 als Landstadt im Landtag der Städte Mecklenburgs vertreten.

Im Jahr 1230 wählt der Ratzeburger Mönch Ernestus Rehna aus, um hier ein Nonnenkloster zu gründen. Das genaue Gründungsjahr dieses Klosters ist nicht belegt. Es liegt irgendwo zwischen 1230 und 1236. Erster gesicherter Beleg ist die feierliche Bestätigung des Klosters durch den Ratzeburger Bischof Ludolf I. vom 26. Dezember 1237. Es war der Gottesmutter Maria sowie der bereits kurz nach ihrem Tod 1231 heiliggesprochenen Elisabeth von Thüringen geweiht. 1254 wurde in Rehna der Bau des Kreuzgangs zwischen Kirche und Kloster begonnen. Anfangs gehört das Nonnenkloster in Rehna zum Benediktinerorden und ab 1319 dann zum Prämonstratenserorden.

Von Beginn an wurde das Kloster Rehna mit zahlreichen Ländereien ausgestattet, so unter anderem 1237 von Gottfried von Bülow. Dieser wird als *Godofridus de Bulowe* 1229 erstmals und von 1239 bis 1255 weitere 24mal als Ritter urkundlich erwähnt. Mit ihm beginnt die gesicherte Stammreihe der uradligen Familie von Bülow, die später in den Herzogtümern Mecklenburg-Schwerin, Mecklenburg-Strelitz, Schleswig, Holstein und Lauenburg reich begütert wurde. Bis 1945 waren alleine in Mecklenburg 110 Burgen, Güter und Dörfer zumindest zeitweise im Besitz der Familie von Bülow, deren Stammsitz der gleichnamige Ort westlich von Rehna ist.

Weiterer Landerwerb durch Schenkungen und Zukäufe machte das Kloster zunehmend reicher und bekannter. Im 14. und 15. Jahrhundert ist es eines der reichsten und einflussreichsten Klöster Mecklenburgs. Zahlreiche (meist dem Reichsadel angehörende) Patrizierfamilien Lübecks förderten das Kloster durch üppige Schenkungen und ließen zugleich hier ihre Töchter erziehen. Auch die Mecklenburger Herzogsfamilie bedachte das Kloster mit Schenkungen und Schutzbriefen. Diese Zeitspanne war zweifellos die wirtschaftliche und politische Blütezeit des Klosters Rehna.

Gegen Ende des 15. Jahrhunderts gab es im Kloster Rehna – wie in vielen anderen deutschen Klöstern – den Trend, die klösterlichen Regeln weniger streng zu leben. Dies betraf insbesondere das Gebot der persönlichen Armut. So konnten die Rehnaer Klosterfrauen erben und vererben und somit durchaus persönliche Reichtümer besitzen. Entsprechende Reformbestrebungen, dass der persönliche Besitz der Nonnen in Klostereigentum übergehen solle, stießen vor allem bei den wohlhabenden Lübecker Kaufmannsfamilien, die weibliche Mitglieder im Kloster hatten, auf Ablehnung.

Als sich auch der Mecklenburger Herzog Magnus II. in diesen Streit einschaltete, entsandten die Lübecker Kaufmannsfamilien ab 1501 keine Töchter und Chorfrauen mehr nach Rehna, sondern gründeten stattdessen das Lübecker St. Anna Kloster.

Nachdem das Ratzeburger Domkloster, mit dem das Kloster Rehna eng verbunden war, sich 1504 auflöste, endete auch die Zugehörigkeit des Rehnaer Klosters zum Prämonstratenser-Orden. Stattdessen wurde es um 1518/1519 ein **Zisterzienserinnenkloster**.

Nordflügel des Kreuzgangs, heute Teil des Museums

Altar der Klosterkirche

1552 wurde das Kloster dann im Zuge der Reformation aufgelöst. Bis Anfang des 18. Jahrhunderts gehörte der Besitz zur Versorgung (Leibgedinge) der Herzogswitwen und Prinzessinnen Anna Sophia von Preußen (bis 1591), Sophia von Schleswig-Holstein-Gottorf (bis 1631), Anna Sophia (bis 1648) und Juliane Sibylla (bis 1761).

In der Folgezeit wurden die vorhandenen Gebäude meist als Amtsgebäude genutzt, während die Kirche nach der Auflösung des Klosters wieder Gemeindekirche wurde, wie sie dies ja auch vor der Klostergründung bereits war.

Vom Kloster erhalten sind heutzutage die spätromanische Kirche, der Arkaden- bzw. Kreuzgang, der das sehenswerte Klostermuseum beherbergt, und das als Amtsgebäude genutzte Langhaus. Der 300 qm große Klostergarten wurde erst im August 2004 wiedereröffnet.

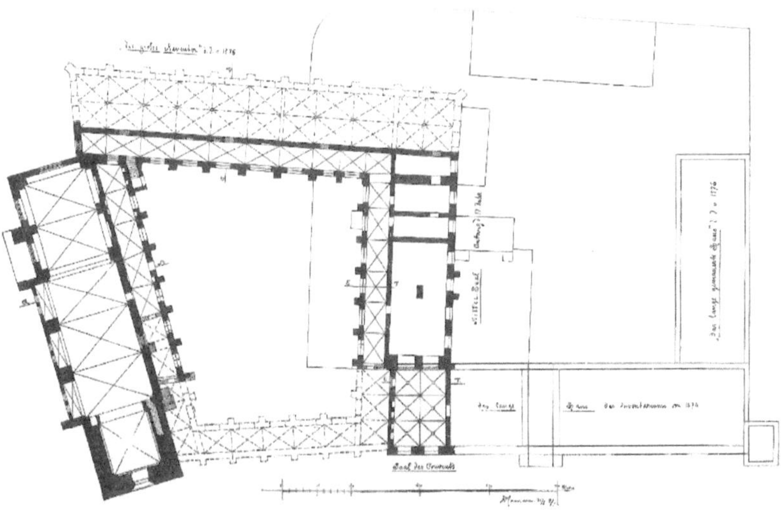

Lageplan des Klosters Rehna 1897, Quelle: Wikipedia

Klosteransicht von Nordosten

Durchgang zwischen Kloster und Marktplatz

14.06.2024
VON REHNA NACH KNEESE DORF

Knapp zwei Monate nach unserer Pilgerreise auf dem Klosterdreieck zieht es Kito und mich erneut auf diese Strecke von Rehna nach Zarrentin. Da ich – schon alleine der sommerlichen Temperaturen wegen – diese lange Etappe diesmal auf zwei Tage aufteilen möchte, hatte ich im Vorfeld versucht, im Mittelteil dieser Etappe eine Pilgerunterkunft für uns zu finden. In Klein Thurow und in Groß Thurow ist alles ausgebucht. Und im Seeblick in Lassahn, 13 Kilometer vor Zarrentin, kostet das Einzelzimmer 85 € plus Hundezuschlag. Das ist nicht meine Preisklasse.

Zu unserem Glück hat sich Christine angeboten, uns zum Start nach **Rehna** zu bringen. Am Abend kommt sie dann ein zweites Mal, um uns unterwegs in Kneese Dorf aufzulesen, mit uns in der Pilgerherberge Rehna zu übernachten und uns am folgenden Morgen wieder nach Kneese Dorf auf die Strecke zu bringen.

Kito und ich starten vom **Kloster Rehna** um Viertel nach zwölf. Zuvor habe ich mir in der Kloster- und Stadtinformation einen ersten Pilgerstempel geben lassen. Die Sonne scheint, und im Gegensatz zum April ist es diesmal angenehm, so um 25 °C. Der leichte Wind ist also eher erfrischend.

Wir nehmen den direkten Weg aus Rehna heraus über die Straße Bülow Rehnaer Tor. Der entspricht auch der vorgegebenen Route des Wegs der Zisterzienser. Der Rest der Strecke bis Zarrentin ist ansonsten identisch mit dem Nonnenweg des Klosterdreiecks.

Die Natur hat sich in den vergangenen 53 Tagen erheblich weiterentwickelt. Alles ist üppig grün. Das helle, leuchtende Gelb der Rapsfelder ist verschwunden und dem blasseren Gelb reifer Getreidefelder gewichen. Am Wegrand blühen diverse Wildblumen, unter anderem jede Menge blaue Kornblumen. Auch die Seerosen in den Teichen entlang der Strecke blühen.

Heute haben Kito und ich es nicht eilig. Wir müssen kein bestimmtes Tagesziel erreichen, sondern können uns nach Bedarf mit Christine auf einen Treffpunkt unterwegs verabreden.

Kito ist Suchhund für Schutzhütten und Bänke. Hier wird er in Nesow Dorf fündig.

In **Dorf Nesow** wählen wir wieder die Bank neben dem hübschen Teich links am Ortsende als Rastplatz. Wir lassen uns die ersten 1 ½ unserer drei Teewurstbrötchen munden.

Auf dem nächsten Abschnitt nach **Breesen**, in dem uns damals ein Regenschauer erwischt hatte, entdecke ich viele Details aus dem April wieder neu. Diesmal erreichen wir Breesen trocken. Hier hätte ich mir heute gerne im Agrarmuseum einen Kaffee und ein Stück Kuchen gegönnt, wie es die Aufschriften im April und auch jetzt anbieten. Aber leider ist auch jetzt in der Sommersaison alles verrammelt und dicht. Es wäre schade, wenn dies dauerhaft so bliebe.

schönes altes Reetdachhaus in Nesow Hof

unser Rastplatz am Dorfteich in Nesow Dorf

Also machen wir unsere nächste Rast erst kurz vor **Breesen Chaussee**. Dort essen wir zuerst ein Brötchen und kuscheln dann noch ein wenig im Gras.

Kito kennt den Weg noch bestens und findet im nächsten Abschnitt auch sofort auf Anhieb die hübsch gelegene Bank direkt vor **Klein Thurow**. Aber hier sind diesmal zu viele Mücken.

Klein Thurow wurde 1230 erstmals urkundlich erwähnt, und zwar im Ratzeburger Zehntregister, in dem die dem Bischof Ratzeburgs steuerpflichtigen Ortschaften gelistet waren. Rund 650 Jahre lang war es der östlichste Ort des Herzogtums Ratzeburg, wobei der südliche Teil des Dorfes bereits zu Mecklenburg gehörte.
Von 1905 bis 1935 war Klein Thurow Endhaltestelle der Ratzeburger Kleinbahn, wobei das Bahnhofsgebäude an der B 208, unmittelbar an der alten Landesgrenze, noch existiert.
Nach dem Ende des 2. Weltkriegs verblieb Klein Thurow nur noch gut ein halbes Jahr in Lauenburg und damit in der britischen Besatzungszone. Da die Briten dieses Gebiet östlich des Schalsees schlecht erreichen und versorgen konnten, tauschten sie es im November 1945 im Barber-Lyashchenko-Abkommen mit den Sowjets gegen ein anderes Gebiet weiter nordwestlich. Die Bewohner hier hatten ganze 14 Tage Zeit, um sich zu entscheiden, mit den abziehenden britischen Truppen über den Schaalsee umzusiedeln oder zu bleiben.
Fast alle Einwohner Klein Thurows zogen mit den Briten weg. Nur sehr wenige blieben. In die leerstehenden Häuser zogen bald darauf Flüchtlinge aus den verloren gegangenen ehemaligen deutschen Ostgebieten. Es entstand eine LPG (Landwirtschaftliche Produktions-Genossenschaft), und dank unbezahlter Feierabend-Arbeit erhielt der Ort eine zentrale Wasserversorgung.
(Quelle: Informationstafel am Ortsrand)

BARBER-LYASHCHENKO-ABKOMMEN (GADEBUSCHER VERTRAG)

Die Sowjetunion, Großbritannien und die USA hatten in den Verträgen von Teheran (Dezember 1943) und Jalta (Februar 1944) vereinbart, nach dem Sieg über das nationalsozialistische Deutschland Besatzungszogen festzulegen. Diese sollten sich nach den bestehenden Landes- bzw. Provinzgrenzen richten. Nach Kriegsende am 8. Mai 1945 trat diese Einteilung am 1. Juli 1945 in Kraft. Dabei gab es im Bereich der alten Lauenburgisch-mecklenburgischen Grenze Probleme. Seen, Wälder und schlechte Wegverhältnisse erschwerten es insbesondere den Briten, die zu ihrer Zone gehörenden Lauenburgischen Ortschaften östlich des Schalsees zu erreichen.

Daher vereinbarten die regionalen Kommandeure der britischen Rheinarmee und der Roten Armee, Generalmajor Colin Muir Barber mit Sitz in Ratzeburg und Generalmajor Nikolaj Lyashchenko (in anderer Transliteration: Ljaschtschenko) mit Sitz in Willigrad bei Schwerin, den Austausch von Gebieten und Ortschaften, um so zu einer leichter zu kontrollierenden Grenze zu kommen.

Mit dem am 13. November 1945 in der Gaststätte „Roter Löwe" in Gadebusch (laut anderer Quelle: im Gadebuscher Schloss) unterzeichneten Abkommen – nach den beiden Verhandlungsführern „**Barber-Lyashchenko-Abkommen**" genannt – wurde der rund 650 Jahre bestehende Grenzverlauf zwischen Lauenburg und Mecklenburg ohne Einbeziehung deutscher Offizieller „bereinigt".

Von Lauenburg nach Mecklenburg fielen die Gemeinden und Güter Dechow, Groß Thurow, Klein Thurow, Lassahn, Bernstorf, Stintenburg, Stintenburger Hütte und Techin, während im Gegenzug die östlich Ratzeburgs gelegenen Gemeinden Bäk, Mechow, Römnitz und Ziethen von Mecklenburg nach Lauenburg wechselten.

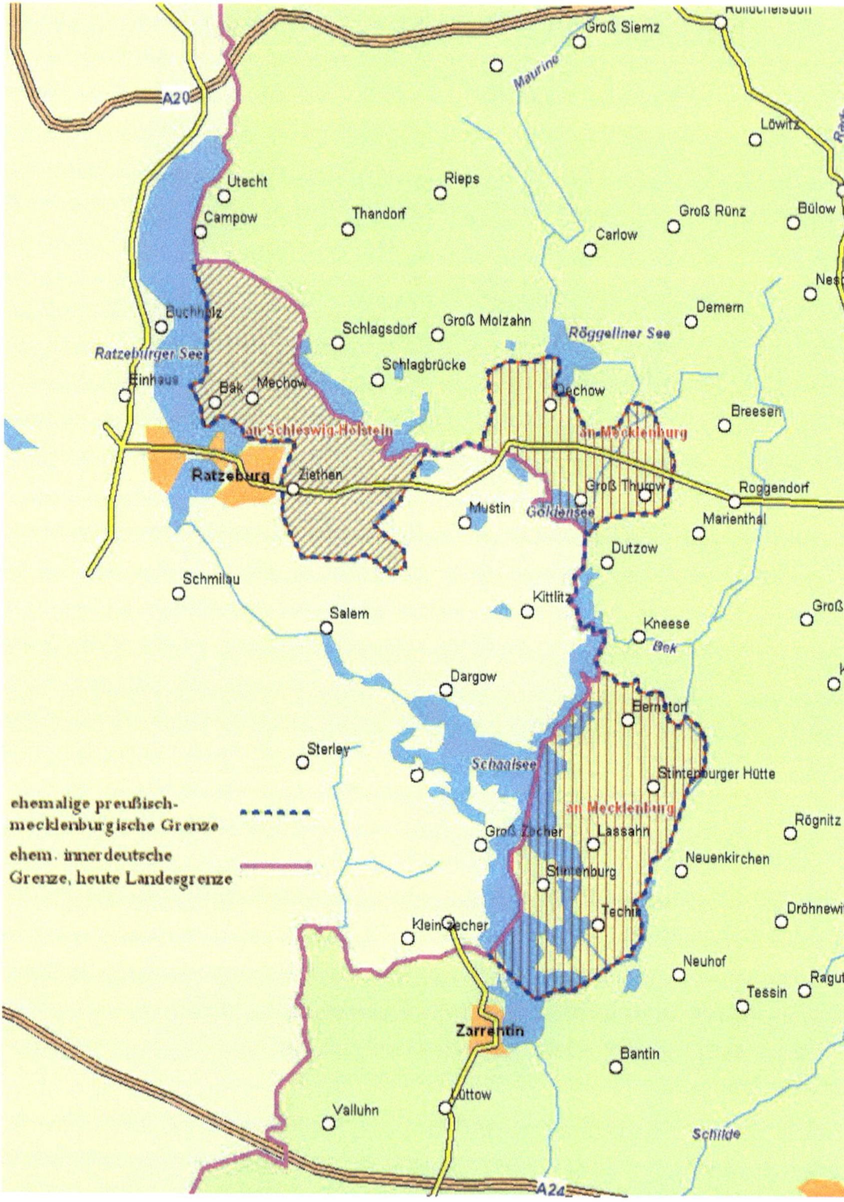

Flächentausch durch das Barber-Lyashchenko-Abkommen (Quelle: Wikipedia)

Während die Rote Armee die auszutauschenden Ortschaften verließ, ohne die Bevölkerung zu informieren und fast alle Bewohner dieser Orte auch dort verblieben, wurden die Menschen in den bislang Lauenburgischen Gebieten von den Briten kurzfristig informiert. Sie hatten 14 Tage Zeit, sich verbindlich und endgültig zu entscheiden, ihre Heimat gemeinsam mit den Briten zu verlassen oder in ihren Häusern zu bleiben und somit in die sowjetische Besatzungszone zu wechseln.

Im ersteren Fall durften sie Hausrat, Vieh und Vorräte mitnehmen, die von den Briten über den Schaalsee und die anderen Wasserwege in die weiterhin britische Zone gebracht wurden. Ansonsten durften sie von ihrem Viehbestand nur ein Tier jeder Art sowie Vorräte für 30 Tage behalten, während der Rest ihrer Habe von den Briten konfisziert und abtransportiert wurde.

Angesichts dieser Wahl bzw. Perspektive entschlossen sich die aller meisten Bewohner dieser Orte, ihre Heimat zu verlassen und eine ungewisse Zukunft in der britischen Zone zu starten.

Der Gebietstausch endete am 28. November 1945.

14.06.2024
VON REHNA NACH KNEESE DORF (FORTSETZUNG)

Wir biegen unmittelbar vor den ersten Häusern in den unbefestigten Feldweg nach **Groß Thurow** ab und folgen diesem bis zur asphaltierten Landstraße. Vom Adligen Gut Groß Thurow, dessen Gebäudebestand nach Abrücken der Briten abgerissen wurde, ist nur noch der frühere Gutspark mit seinem alten Baumbestand übriggeblieben. Hier gibt es inzwischen die **Begegnungsstätte Alte Schule am Goldensee** (Kneeser Straße 26, www.alte-schule.ev). Sie ist diesmal (im Gegensatz zum April) geöffnet. Ich mache einige Fotos von den alten Bäumen des Gutsparks und darf in einem der Gebäude Kitos Wasserflasche auffüllen.

gut angeleintes Pferd in Groß Thurow

freundlicher Wachhund in Groß Thurow

Alter Baumbestand im früheren Gutspark Groß Thurow (jetzt Begegnungsstätte)

Vor dem Buswartehäuschen in **Dutzow**, dem nächsten Ort, biegen wir nach rechts in die Grenzstraße ein und erreichen kurz vor dem Seeufer den einstigen Grenztruppenweg, dem wir gen Süden, also nach links, folgen.

Inzwischen hatte ich telefonischen Kontakt mit Christine, die auf dem Weg zu uns bereits in Zarrentin ist. Sie wird uns im folgenden Wegabschnitt zwischen Dutzow und Kneese Dorf entgegenkommen. Kito ahnt das noch nicht. Er genießt einfach das tolle Wetter und den einsamen heideartigen Naturweg, der zwar die etwa 1,3 Kilometer längere, aber ganz eindeutig die schönere und bessere Variante zur Landstraße zwischen den beiden Orten ist. Immer wieder prescht er auf dem Weg voraus, als wolle er ihn auskundschaften, und rennt wieder zu mir zurück. Als er dann plötzlich sein Frauchen sieht, ist er ganz aus dem Häuschen.

Die **Erinnerungsstätte an Harry Weltzin**, einen 28jährigen Dipl.-Ingenieur aus Rostock, der ganz in der Nähe bei seinem Fluchtversuch am 4. September 1983 durch eine Selbstschussanlage getötet worden war, erinnern Christine und ich noch von einem gemeinsamen Trainingslauf um den Schaalsee vor gut zehn Jahren.

Gemeinsam besteigen wir alle drei etwas später auch noch den Aussichtsturm, bevor wir kurz vor 18 Uhr in **Kneese Dorf** Christines Auto erreichen und für heute Feierabend haben.

Christine fährt uns zurück nach Rehna, wo wir im PENNY-Markt unsere Lebensmittel aufstocken und dann zur Pilgerherberge in der Mühlenstraße fahren. Von dort aus rufe ich Rehnas Kirchenälteste und Pilgerbeauftragte Angelika Krause an. Sie kommt rasch angeradelt und lässt uns in die Herberge ein.

Hier hat sie heute (statt des Klappbetts vom April) aus mehreren übereinander gestapelten Matratzen ein bequemes Doppelbett mit Bettwäsche für uns vorbereitet. Eine lange Einweisung entfällt. Wir zahlen unseren Obolus, lassen uns zeigen, wo im Gästebuch das WLAN-Passwort steht und haben das Quartier ganz für uns.

Wir bereiten unser Abendessen zu, verzehren es und genießen unseren Abend mit einer Flasche Rotwein. Als um 21 Uhr das Eröffnungsspiel der Fußball-Europameisterschaft zwischen Gastgeber Deutschland und Schottland beginnt, schauen Christine und ich uns dies auf meinem Laptop an. Kito interessiert sich nicht für Fußball und schläft auf unseren Schlafsäcken schon mal eine Runde vor.

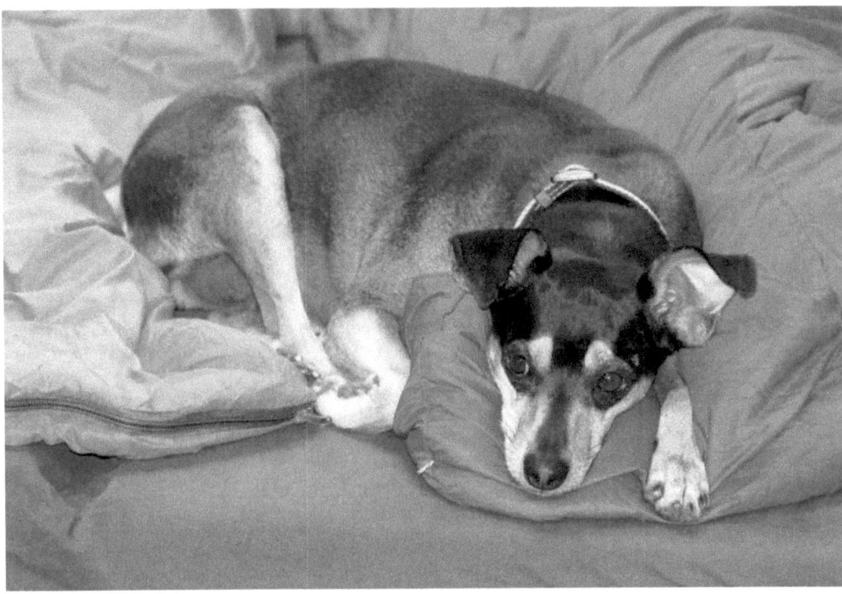

Pünktlich zum Beginn der zweiten Halbzeit – also um Punkt 22 Uhr – ist dann in der Herberge Nachtruhe und das WLAN ausgeschaltet. So verfolgen wir diese Halbzeit bis zum schlussendlichen 5:1-Sieg auf Christines Smartphone.

Tagesdistanz: 19,1 km

Erkenntnis des Tages: 53 Tage später präsentiert sich dieser schöne Weg in ganz anderem Kleid. Und mit mehr Zeit und kürzerer Tagesdistanz bringt er auch viel mehr Genuss als bei einer überlangen Tagesstrecke.

15.06.2024
VON KNEESE DORF NACH ZARRENTIN

Über Nacht hat sich die Wetterlage komplett verändert: Als wir kurz nach sieben Uhr aufstehen, regnet es. Zugleich ist es mit 12-16 °C heute rund 10 °C kühler. Während Christine uns mit ihrem Auto von Rehna nach **Kneese Dorf** bringt, nieselt es zwar nur, aber als wir dann gegen 9:20 Uhr dort starten, nimmt der Regen rasch wieder zu.

Kurz vor dem Ortsausgangsschild entdecke ich einen gemähten und weiß-blau-weiß markierten Grasweg, der hier von der Straße abzweigt und der der Kreisstraße parallel hinter einem Knick folgt. Er durchquert anschließend den **Dohlenwald** und auf hohen ungemähten Graswegen diverse Wiesen, bis er im Dorf **Bernstorf** auf die dortige Dorfstraße trifft. Ab Beginn des Dohlenwalds sind wir ihm im April gefolgt.

Da am heutigen Samstagmorgen nur sehr wenig Verkehr auf der Kreisstraße ist und ich nicht gleich auf den ersten Kilometern nasse Hosenbeine und Schuhe haben möchte, bleiben wir jedoch noch ein gutes Stück auf der Kreisstraße, auch wenn diese keinen Geh-/Radweg hat, und biegen wir direkt von der Kreisstraße in die Dorfstraße Bernstorf ab. Diese führt schnurgerade auf das Gutsverwalterhaus zu, ein großes, aber einfaches aus Ziegeln und Feldsteinen errichtetes Gebäude.

Bis 1945 wurde das Gut Bernstorf, das zu Stintenburg gehörte, von einem Verwalter geführt. Von den 118 Einwohnern ließen sich 112 evakuieren. Nur sechs Personen blieben.
Auch die Familie des Fischers Buuck, deren Kate bis 1945 am Seeufer stand, verließ Bernstorf und übersiedelte nach Bresahn auf das Gut des Gutsbesitzers Bahr. Mit Fischerbooten und

zusammengebundenen Kähnen transportierte man Hausgerätschaften, Fischereiausrüstung und selbst Tiere ans Westufer des Sees. Von Bresahn aus konnte Fischer Wilhelm Buuck seine gepachteten Fischereirechte in den Niendorfer Gewässern wahrnehmen und hier fand seine Familie auch eine neue Bleibe.
Auch in Bernstorf wurden die leerstehenden Häuser mit Flüchtlingen aus dem Osten neu belegt.
(Quelle: Informationstafel am Ortsrand)

Gutsverwalterhaus in Bernstorf

Wir umgehen es links und gehen hinab in Richtung Schaalsee, wo wir nach links in einen weiteren Abschnitt des einstigen Grenzpatrouillenwegs der DDR-Grenztruppen einbiegen. Dieser Abschnitt ist wie viele folgende nicht mit den Lochbetonstreifen befestigt und dementsprechend – weil nass – rutschig. Kito hat damit keine Probleme, aber ich muss höllisch aufpassen.

Wir steigen rasch zum Örtchen **Hakenberg** hinauf und folgen ab hier rund zwei Kilometer einer guten Betonstraße bis nach Lassahn. Als wir dort das geräumige Buswartehäuschen erreichen, machen wir dort Rast. Wir teilen uns das erste unserer drei vorbereiteten Teewurstbrötchen. Außerdem ziehe ich mir noch eine dünne Jacke unter. Folienponcho sowie Rucksackregenschutz haben sich bewährt und bleiben weiter im Einsatz.

Lassahn wurde 1230 im Ratzeburger Zehntregister erstmals urkundlich erwähnt. Zu dieser Zeit war auch die St.-Abundus-Kirche bereits vorhanden. Um 1287 war Lassahn wohl ein Rittergut, das im Jahr 1400 gemeinsam mit Techin an Herzog Erich V. von Lauenburg verkauft wurde, der im selben Jahr bereits Stintenburg und Kampwerder durch Tausch erworben hatte, mit denen er Lassahn nun vereinigte.

Bis November 1945 gehörte Lassahn zum Gutsbezirk Stintenburg. Als Lassahn dann im Barber-Lyashchenko-Abkommen von der britischen zur sowjetischen Besatzungszone getauscht wurde, übersiedelte das Gros der Lassahner Einwohner mit allem mobilen Besitz im Umfang von rund 800 Lkw-Fuhren über die Stintenburger Insel ans Westufer des Schaalsees.

Zum 1. Juli 1950 wurden die Nachbarorte Bernstorf, Hakendorf, Stintenburger Hütte und Techin nach Lassahn eingemeindet. In der Folge wurde der Ort vom See völlig abgeschnitten und wurden im Rahmen der Grenzanlagenerweiterung See-nahe Ortsteile abgerissen. Zugleich hatten Grenztruppen und militärische Einrichtungen ihren Sitz hier im Ort.

Am 12. November 1989 wurde die innerdeutsche Grenze an der B209 hinter Mustin geöffnet. 2004 wurde Lassahn dann nach Zarrentin am Schaalsee eingemeindet.

Die **St.-Abundus-Kirche**, die 1230 bereits existierte, erhielt im 17./18. Jahrhundert einen Turm sowie Fachwerkanbauten. Die Familiengrablege der Grafen von Bernstorff, denen Stintenburg ab 1740 gehörte, befindet sich auf dem um die Kirche herum angelegten Friedhof. Der goldene Hahn auf der Kirchturmspitze kam erst 1980 dazu, die Glocke im Turm sogar erst 1993.

Kaum sind wir wieder aufgebrochen, so hört der Regen auf und scheint urplötzlich die Sonne. Über dem Schaalsee sind die Regenwolken einem wunderschön blauen Himmel gewichen.

Wir erreichen den **Gasthof Seeblick**, dessen Biergarten gerade öffnet. Diese Chance nutzen wir doppelt. Zum einen bestelle ich einen Kaffee und ein Stück Apfelstreuselkuchen, das ich natürlich mit Kito teilen muss. Und zum zweiten lasse ich, so lange wir hier verweilen, meinen Handyakku am Tresen aufladen.

Der Gasthof Seeblick ist bereits Mitte des 18. Jahrhunderts urkundlich als Burwieckscher Gasthof belegt und war zugleich auch Schmiede, Krämerladen und Poststation. 1910 erhielt er einen zusätzlichen Saalbau, der allerdings im Winter 1978 durch Feuer zerstört wurde und 1980 als Mehrzweckhalle wiederaufgebaut wurde. 1925 übernahm der Gastwirt Pankow den Seeblick, der das bis dahin einstöckige Hauptgebäude noch im selben Jahr aufstockte. 1967 übernahmen Gisa und Dieter Redmann die Gaststätte, die diese bis 2003 zunächst als Konsumgaststätte, später unter dem Namen „Schaalseetreff" betrieben.

Um 12:20 Uhr – also nach einer halben Stunde – brechen wir wieder auf, vorsichtshalber weiter in vollem Regenschutz. Kaum haben wir die Straße erreicht, so geht der nächste Wolkenbruch nieder. Den ersten Schwall überstehen wir heil unter einem dichten Haselnussstrauch, den zweiten im Eingangsbereich der leider verschlossenen Dorfkirche.

Als der Regen endlich nachlässt und „normale Intensität" erreicht, gehen wir weiter. Unser Weg führt steil bergab zum Ufer des Schaalsees. Den 150 Meter langen Abstecher zum Badeplatz schenken wir uns. Zum Baden lädt das Wetter wahrlich nicht ein. Stattdessen folgen wir weiter dem unbefestigten Grenztruppenweg bis zur **Stintenburginsel** und zur **Insel Kampenwerder**. Das dortige Herrenhaus des Adligen Guts **Stintenburg** ist seit 1993, das Gut seit 1997 wieder im Besitz der Grafen von Bernstorff.

St.-Abundus-Kirche in Lassahn

ehemaliger Grenztruppenweg zwischen Lassahn und Stintenburg

Die Stintenburginsel ist gut fünf Hektar groß, 400 Meter lang und maximal 190 Meter breit. Charakteristisch für diese nur wenig über den Wasserspiegel des Schaalsees aufragende Insel sind der hohe Baumbestand und der Schilfgürtel. Historisch gehörte sie über Jahrhunderte zum Herzogtum Sachsen-Lauenburg und wurde erst durch das Barber-Lyashchenko-Abkommen 1945 mecklenburgisch. Wie Lassahn gehört sie heute zur Stadt Zarrentin.

Das Adlige Gut ist bereits im 13. Jahrhundert als Besitz der Grafen von Schwerin belegt. Nachfolgende Besitzer waren die Familien von Lützow (ab 1417) und von Bülow (1434-1639), dann Herzogin Christine Margarete zu Mecklenburg (1642-1680) und die Familie von Hammerstein (1683-1738). Beginnend mit Graf Johann Hartwig Ernst von Bernstorff (1712-1772), befindet es sich – mit Unterbrechung von 1945 bis 1993 – im Besitz dieser Familie.

Die Rückübereignung wurde dadurch erleichtert, dass Gut und Herrenhaus nicht erst durch die Bodenreform 1945 enteignet wurden, sondern dass dem damaligen 1943 verhafteten regimekritischen Albrecht Graf von Bernstorff (der in den letzten Kriegstagen von der Gestapo in Berlin ermordet wurde) die Verfügungsgewalt über diesen Besitz bereits von den Nationalsozialisten entzogen worden war.

Nach Gründung der DDR übernahmen die DDR-Grenztruppen 1952 das Herrenhaus der Stintenburg als Ausbildungsort unter verdeckter Regie des Staatssicherheitsdienstes. Später wurde die Anlage von der Hauptabteilung I des Ministeriums für Staatssicherheit zur Ausbildung einer geheimen Elitetruppe für die Grenztruppen der DDR genutzt, seit Anfang der siebziger Jahre dann als Zentralschule für die Grenzaufklärer. Die Geheimhaltung zu dieser Ausbildungseinrichtung war so groß, dass die Bewohner der umliegenden Ortschaften bis zum Ende der DDR davon nichts wussten.

Ab der Stintenburg folgen wir – wie bereits den ganzen Tag bisher und auch später bis nach Zarrentin – dem weiß-blau-weiß markierten „**Naturparkweg**“. Er ist außerordentlich schön, zugleich aber heute nass, aufgeweicht und immer öfter matschig-glatt. In **Techin** rasten wir ein weiteres Mal und teilen uns Teewurstbrötchen Nummer 2. Außerdem verstauen wir unsere Regensachen.

In Techin wohnten vor dem Gebietstausch 238 Personen, von denen 209 in die britische Zone übersiedelten, während nur 29 hierblieben. Eine Zeitzeugin erinnerte sich: „Eigentlich wollte ich auch mitziehen und hatte meine wenigen Habseligkeiten schon mit ins Lauenburgische geschickt. Wo sie waren, wusste ich allerdings nicht. Doch auf einmal sagte ich mir: Du blievst hier! Ich konnte doch nicht meinen alten Großvater, meine behinderte Mutter, Tante Guste und Tante Maria Oldag, bei denen ich in Stellung war, im Stich lassen.“
Irgendwie kamen auch die Sachen wieder zurück und dann waren alle fort. Die Häuser standen leer. „Man erzählte sich nichts Gutes über die Russen.“ Doch als die Russen ins Dorf kamen, gab es keine Zwischenfälle, sondern entwickelte sich ein friedliches Miteinander.
„Ab Februar 1946 kamen die ersten Umsiedler aus den Ostgebieten in unsere Gemeinde und auch nach Techin. Endlich wurde es wieder belebter im Dorf. Platz war ja genug vorhanden und so fanden viele hier eine zweite Heimat.“
Die daheimgebliebenen Techiner und die zugezogenen lebten sich zusammen. Auch kehrten einige Familien zurück, die erst weggegangen waren. Im Winter 1946/47 feierte man zum ersten Mal nach dem Krieg einen Maskenball, auf dem Techiner Saal, einem ausgebauten Boden über dem Schweinestall der Gastwirtschaft Steinfatt.“ (Lebenserinnerungen Maria Reichelt, 24.11.1996)
(Quelle: Informationstafel im Ort)

Kurz nach Verlassen des Orts erwischt es mich in einem abschüssigen Wegabschnitt, und ich stürze mit Sack und Pack halblinks hin. Glücklicherweise ist nur die gestern früh frisch angezogene, aber von Kito ohnehin verdreckte Hose nun noch etwas dreckiger.

Wenig später erreichen und überqueren wir die Kreisstraße, folgen ihrem Geh-/Radweg aber nur wenige Meter und biegen stattdessen in einen schmalen, tunnelartigen Pfad in Richtung Neuhof ein.

Weg kurz vor Techin

Boissower See

So weit aber gehen wir nicht, denn unser Weg biegt bereits nach etwa einem Kilometer wieder nach rechts ab und führt uns gen Süden am Ufer des **Boissower See** nach **Boissow**. Hier zweigt er in einen wunderschönen Naturweg ein. Bevor wir den aber gehen, gönnen wir uns eine dreiviertelstündige Rast an einer Bank mit Tisch. Zeitweise liegen wir nebeneinander im Gras, ansonsten sitzen wir auf der Bank, und als ich Kito kurz vor unserem Aufbruch suche, liegt er neben meinem Rucksack auf dem grob gezimmerten Tisch.

Zwischen Boissow und **Bantin** erreichen wir ein Feld mit noch jungen, etwa 30-40 cm hohen Maispflanzen. Etwa 100 Meter entfernt steht ein Reh mitten im Feld. Ich entdecke es als erster. Als ich Kito demonstrativ ein Leckerchen reiche und das Reh den Hund bemerkt, trabt es locker und ohne Eile die rund 70 Meter zum nächsten Dickicht und verschwindet. Kito nimmt erst viel später Witterung auf. Erst als wir die Spur des Rehs kreuzen, ist er hellwach. Aber mehr als ein wenig Herumspringen passiert dann doch nicht. Ich hätte ihn sonst auch heftig zurückgepfiffen. So aber hat er sich – selbst ohne Leine – top verhalten.

Unser nächster Ort heute ist **Schaalmühle**. Direkt vor dem einstigen Mühlengebäude biegen wir nach rechts ab, an der kleinen Landstraße dann gleich noch ein zweites Mal. Da hier zeitweise zwei Raubvögel über uns kreisen und ich nicht möchte, dass sie Kito greifen, muss Kito dicht an meiner Seite bleiben.

Bald erreichen wir die Kreisstraße, die wir überqueren, und das Ortsschild **Zarrentin**s. Kurz nach dem Freibad rufe ich Frau Kloweit an, und als wir 10-15 Minuten später, gegen 18:45 Uhr, das Gemeindehaus erreichen, werden wir von ihr und ihrem Mann bereits erwartet.

Rastender Pilger-Pinschling in Boissow

zwischen Schaalmühle und Zarrentin

Da wir das Gemeindehaus ja bereits kennen, ist die Einweisung kurz. Was ich ganz reizend finde: Diesmal liegen zwei Handtücher, eine dicke Wolldecke für mich und eine zweite dünnere für Kito bereit, außerdem ein Kopfkissen für mich. Und einen großen zusammengerollten Teppich können wir auch als Unterlage nutzen. Ich falte letzteren dreifach, und so benötigen wir keine Isomatte. Kito gefällt dieser Aufbau.

Nachdem ich kurz zum nur 300 Meter entfernten REWE-Markt gegangen bin, gibt es Schnitzel mit Kartoffelpüree, dazu etwas Brie zum Nachtisch und für mich drei Becher Tee.

Während ich meinen Tagesbericht schreibe, liegt Kito dicht neben mir auf einem Stuhl.

Tagesdistanz: 26,6 km

Gesamtdistanz: 45,7 km

Erkenntnisse des Tages: Aufgeteilt auf zwei Tage, ist dieser Weg von Rehna nach Zarrentin viel schöner als per Mammutetappe an nur einem Tag. Mit Muße lässt er sich viel mehr genießen. Die diversen Schleifen und Umwege zwischen Dutzow und Kneese Dorf sowie ab Lassahn sind außerordentlich schön. Ich kann mich nicht erinnern, wann ich zuletzt dermaßen beeindruckende Wanderwege gegangen bin. Mit zu diesem Genuss hat natürlich auch das Wetter beigetragen, das uns heute nach zunächst fünf Stunden Regen wieder herrlichen Sonnenschein und dementsprechend feine, üppige Farben präsentierte.
Mein besonderer Dank gilt dabei vor allem Christine, die uns diese Etappenaufteilung ermöglichte, und dem Ehepaar Kloweit, das uns in Abwesenheit des Pastors das Gemeindehaus in Zarrentin geöffnet hat.

ZARRENTIN

Der ursprünglich slawische Ort Zarrentin wurde – nach der Unterwerfung der Slawen 1139/1143 – erstmals im Jahr 1194 als bereits deutsches Dorf namens ***Zarnethin*** erwähnt. Der Ort sowie seine romanische Feldsteinkirche gehörten damals kirchlich und territorial zum Bistum Ratzeburg und wurden 1230 (ebenso wie Rehna) im Ratzeburger Zehntregister gelistet. Territorial gehörte der Ort allerdings bereits ab 1227 zur sächsischen Grafschaft Schwerin und ab 1358 zum Herzogtum Mecklenburg. Kirchlich verblieb er die gesamte Zeit im Bistum Ratzeburg.

1246 wurde das **Zisterzienserinnenkloster** von der Gräfin Audacia und ihrem Sohn, dem späteren Grafen Gunzelin III., gegründet, allerding nicht in Zarrentin, sondern zunächst im Raum Neustadt-Glewe. 1251 wurde es dann durch einen Gebietstausch nach Zarrentin verlegt und die Klosterstiftung vom Ratzeburger Bischof Friedrich bestätigt. Der 1255 von Papst Alexander IV. in einem Schutzbrief verliehene Name *„Himmelspforte"* dagegen setzte sich nicht durch und geriet in Vergessenheit. Gleichwohl erscheint er auf der Internetseite des Klosters (www.kloster-zarrentin.de) erneut.

Im Vergleich zu anderen Klöstern der Region konnte das Kloster Zarrentin an Besitz und Einfluss nur bedingt mithalten. Wie das Kloster Rehna war es den Töchtern Lübecker Patrizierfamilien und der Mecklenburger Fürsten- und Adelsfamilien vorbehalten. 1553 wurde es von Herzog Johann Albrecht von Mecklenburg aufgelöst und das Klostervermögen dem Domanium, also dem herzoglichen Besitz, zugeordnet. Die damaligen Nonnen wurden abgefunden und behielten lebenslanges Wohnrecht.

Die Klosterkirche wurde nach der Reformation Pfarrkirche, während die übrigen Gebäude unterschiedlichen Zwecken dienten und der Süd- und der Nordflügel des einst geschlossenen Gebäudevierecks mit Kreuzgang und Nonnenfriedhof im Innenhof bereits 1576 als baufällig beschrieben und nachfolgend abgerissen wurden. Lediglich der gotische Ostflügel hoch über dem Steilufer zum Schaalsee ist erhalten. Er war zunächst Kornspeicher und Brauhaus, später Amtsverwaltung und Amtsgericht und beherbergt in der Gegenwart kommunale Einrichtungen wie Kindergarten, Jugendclub, Stadtbibliothek und Heimatstube. Von 1992 bis 2006 wurde er im Rahmen der Städtebauförderung umfassend saniert. Seither finden hier auch Ausstellungen, Trauungen und Empfänge statt.

Kirche in Zarrentin, sie war in der ersten Hälfte des 13. Jahrhunderts Dorfkirche, dann von etwa 1250 bis 1552 Pfarr- und Klosterkirche und danach wieder nur noch Pfarrkirche.

Wandmalerei im oberen Bereich des Chores, um 1300

Klosterkirche Zarrentin, den Nonnen war die obere Etage vorbehalten.

16.06.2024
VON ZARRENTIN NACH GROSS BENGERSTORF

Der heutige Weg fällt mir ausgesprochen schwer. Über Nacht ist die Schlechtwetterfront komplett durchgezogen. Nun hat die Sonne wieder die Oberhand, wobei es bei mehr als 25 °C unangenehm schwül und drückend ist.

Auch ohne meine Isomatte, nur auf dem dreifach gefalteten Teppich und der doppelten dicken Wolldecke, haben wir beide gut geschlafen. Um acht Uhr sind wir auf, gehen kurz danach Kitos Frührunde. Anschließend kuscheln wir und frühstücken in Ruhe, ehe ich endlich packe. Um zehn Uhr ist Schlüsselrückgabe an Herrn Kloweit. Als ich ihm 20 € als Spende überreichen will, lehnt er vehement ab.

Gemeindesaal in Zarrentin, unser „Schlafzimmer"

Schaalseefischerei

Wir beginnen die heutige Strecke abweichend von der Kartenvorgabe, indem wir zunächst zum Informationszentrum PAALHUS gehen. Das ist derzeit in einen Pavillon ausgelagert und hat dort keinen Pilgerstempel. Insofern hätten wir also weder im April noch gestern Abend dort etwas erreichen können. Am Ende der Zarrentiner Wohnbebauung sind wir – nach einem Umweg von knapp 1 ½ Kilometern – wieder auf dem eingezeichneten Weg. Wir folgen kurz einer verkehrsreichen Straße, gehen dann jedoch, als diese nach rechts abbiegt, geradeaus in einen unbefestigten Fahrweg.

Hier nutzen wir eine schattige Grasfläche zu unserer ersten, frühzeitigen kurzen Rast. Währenddessen brettern zwei Motorradfahrer auf ihren Motocrossmaschinen vorbei, was Kito zunächst erschreckt. Als sie uns später auf dem Weg entgegenkommen, bremse ich sie per Handzeichen und Hinweis auf den freilaufenden Hund maximal aus. Und plötzlich sind sie sehr rücksichtsvoll.

Nach viel Sonne und drückender Hitze erreichen wir **Kölzin** und kurz darauf **Kogel**. Hier legen wir im Schatten des kleinen Feuerwehrhauses eine weitere, erste längere Pause ein und verzehren dabei unser erstes Camembert-Brötchen. Noch innerhalb Kogels sehen wir den ersten Regenschauer vorbeiziehen. Vor uns regnet es heftig, während bei uns nur sehr wenige Tropfen fallen. Sicherheitshalber ziehe ich den Regenschutz des Rucksacks auf.

Kogel wurde 1230 als *Cowale* im Ratzeburger Zehntregister erwähnt, Kölzin, das damals *Culsin* hieß und als Stiftsgut dem Domkapitel Ratzeburg gehörte, bereits 1194 im Isfriedschen Teilungsvertrag.

Unser Weg biegt nach links und gleich wieder in die erste Straße nach rechts ab. Er ist nach Vietow ausgeschildert, wobei ich diesen Ort zunächst nicht auf der Karte entdecke. Rund vier Kilometer geht es auf einer sehr unebenen Beton-/Asphaltstraße durch einen Wald. Der Schatten ist höchst willkommen und angenehm. Kito zeigt immer wieder Wild an, das er wittert, bleibt jedoch artig auf dem Weg. Nur bei der Spur einer Wildkatze, die uns rechtzeitig entdeckt hat und im Gebüsch verschwunden ist, ist er ein wenig wuschig und würde am liebsten hinterher. Aber auf Rückruf ist auch diese Situation entschärft, bevor sie akut wird.

Als der Wald endet, nutzen wir den Schatten des ersten großen, freistehenden Baums für unsere nächste 20-Minuten-Rast. Im Wald waren mir dafür zu viele Mücken. Hier sind keine. Nach unserem zweiten Brötchen kuschelt Kito intensiv. Interessanterweise stehen direkt am Stamm des Baums vier große, voll entfalteten Pilze, die ich im Juni nicht erwartet hätte. (Zu Hause lerne ich von Christine, dass Pilze ganzjährig vorkommen.)

Unser Weg durchquert nun als langer, gerader Betonspurweg freies Gelände. Später sehe ich, dass die wenigen Häuser am Waldrand rechts von uns der Ort **Vietow** sind.

Feuerwehrhaus in Kogel, unser Rastplatz

Straße zwischen Kogel und Vietow

Im folgenden Wald biegen wir nach rechts zum **Herrenhaus Tüschow** ab, das wir nach knapp einem Kilometer erreichen. Es ist jedoch kein historisches Gebäude, sondern erst knapp 190 Jahre alt und wirkt ziemlich protzig.

Das Gut Tüschow, das bereits damals ein ansehnliches Gutshaus mit Nebengebäuden besaß, gehörte im 16. Jahrhundert zum Besitz der Familien *von Bieswang* und *von Züle*. 1624 folgte die Familie *von Scheiter*, danach die *von Overbeck*, *von Lützow* und erneut *von Scheiter*. 1779 erwarb die 1645 geadelte Lüneburger Familie *von Stern* das Gut. Sie ließ 1830 bis 1835 das heutige Herrenhaus errichten, wurde 1839 auch in die Mecklenburgische Ritterschaft aufgenommen und besaß Gut Tüschow bis 1913. Der Weiterverkauf erfolgte mangels männlichem Erben.

Neuer Gutsherr wurde Rittmeister Ewald Julius *von Hennig* (1868-1937), dessen in Westpreußen ansässige Familie 1806 in den Reichsadelsstand erhoben worden war. Er war später in den Kapp-Putsch verwickelt. Von 1935 an gehörte das inzwischen deutlich geschrumpfte Gut der Familie *Mangels*, die es im Herbst 1945 durch Enteignung verlor.

Nachdem zunächst Flüchtlinge aus den deutschen Ostgebieten hier einquartiert worden waren, wurde das Herrenhaus in den folgenden Jahrzehnten weiter als Wohnhaus genutzt. 1998 erwarb ein Investor das Objekt und restaurierte das Herrenhaus von 1998 bis 2002 denkmalgerecht auf Basis der Original-Bauunterlagen von 1830-1835. Es wird seither als Event-Location genutzt.

Als wir das (verschlossene) Haupttor erreichen, steht dort ein SUV mit Schweriner Kennzeichen und weit offener Beifahrertür. Das dazu gehörige ältere Paar ist ganz auf die Infotafel am Tor fokussiert und merkt erst, dass Kito, ohne zu zögern, in ihr Auto gehüpft ist, als ich den Kleinen zurückrufe. Schnell macht die Frau ihre Autotür zu.

Herrenhaus Tüschow

Schilde-Stausee am Mühlendamm in Schildfeld

Nach einer diesmal kurzen Rast kehren wir zu unserem Hauptweg zurück und setzen ihn fort. In **Schildfeld** passieren wir das beeindruckend große Mühlengebäude und überqueren die Schilde. Der Stausee oberhalb des Mühlenwehrs sieht fantastisch aus. Den eigentlichen Ort Schildfeld, der wochentags (heute ist Sonntag) sogar eine Einkaufsmöglichkeit bietet, nehmen wir nicht wirklich wahr. Nach einem kurzen Wegstück an zwei mäßig verkehrsreichen Straßen biegen wir halbrechts in das nächste Waldgebiet mit einer kilometerlangen geraden Strecke ein.

Kaum rasten wir erneut und teilen uns das nächste Brötchen, ziehen dunkle Wolkenfronten heran und fallen die ersten, noch spärlichen Regentropfen. Das stört mich nicht besonders. Erstens sind wir auf den letzten sechs Kilometern und trotz der bisherigen Pausen gut in der Zeit. Und zweitens gibt es an den Wegrändern mehr als genug große und dichte Eichen und Buchen, unter denen wir uns jederzeit unterstellen könnten, sollte dies nötig sein.

Aber das ist es nicht. Die Regenfront streift uns wie bereits die in Kogel nur und ist rasch vorbeigezogen. Vor uns muss es jedoch heftig geregnet haben, so nass wie der folgende Wegabschnitt ist.

Wir durchqueren die beiden Siedlungen **Karrentin** und **Köterbusch**, die beide aus weniger als einer Handvoll Häuser bestehen, und erreichen **Klein Bengerstorf**. Auch Bengerstorf (damals *Bunserstorpe*) und Karrentin wurden erstmals 1230 im Ratzeburger Zehntregister urkundlich erwähnt. 1453 werden im Landbederegister mit *Villa Bengerstorpe* und *Villa Averschalschen Bengerstorpe* zwei Bengerstorfs erwähnt, die dann 1462 als *Groten Bengerstorpe* und *Lutken Bengerstorpe* unterschieden werden.

Kito ist hungrig und bettelt um eine dritte Hosentasche Trockenfutter. Da jedoch die nächste dunkle Wolkenfront direkt vor uns aufzieht und wir diesmal wenig Deckung vor uns haben, gibt es so kurz vor dem Tagesziel jetzt keine weitere Pause.

Zur Abwechslung bekommen wir ein paar Regentropfen mehr ab, aber die sind eher erfrischend und nicht störend. An der Kreuzung im Ortszentrum **Groß Bengerstorf** geht es geradeaus in den Beckendorfer Weg. Dieser steigt leicht an. Nach knapp 500 Metern haben wir Hausnummer 19 und damit unser Tagesziel erreicht.

Frau Papenfuß begrüßt uns freundlich und führt uns hangabwärts in ihren Garten, wo wir hinter einem Swimmingpool ein nettes Ein-Zimmer-Appartement mit Kücheneinrichtung und separatem kleinen Bad beziehen. Eine Wand ist geradezu mit Urkunden bedeckt, und auf den Dachbalken stehen rund 60 Pokale. Ganz offenkundig ist die Familie im Stoppelcross-Motorsport erfolgreich aktiv, wobei die Trophäen aus den Jahren 2012 bis 2022 stammen.

Heute Nacht werden wir wieder einmal in einem richtigen Bett schlafen. Kito findet auch den Teppich sofort Klasse und lässt sich darauf nieder. Als Frau Papenfuß wieder in ihr Haus hochgeht, wechselt er aber sofort aufs Bett, wo er die nächsten 5 ½ Stunden auf seiner Kuscheldecke tief und selig pennt. Nur zum Trinken kommt er einmal runter und natürlich, als ich eines unserer letzten beiden Brötchen mit leckerer Krakauer Wurst belege und esse. Ansonsten genießt er seine wohlverdiente Bettruhe, während ich die zweite Halbzeit des EM-Erstrundenspiels zwischen Dänemark und Slowenien (1:1) und anschließend das Spiel Serbien gegen England (0:1) im Fernsehen schaue. Nur WLAN habe ich auch heute nicht. Aber für nur 25 € kann ich dennoch nicht meckern.

Tagesdistanz: 24,9 km

Gesamtdistanz: 70,6 km

Erkenntnis des Tages: Nicht jeder Tag läuft gleich gut. Trotz meines mühsamen Starts und zahlreicher Pausen erreichen wir das Ziel unserer bislang längsten Etappe dieser Tour rechtzeitig.

17.06.2024
VON GROSS BENGERSTORF NACH BOIZENBURG / ELBE – TEIL 1

Mit drei kleinen Unterbrechungen – zum Trinken und Fressen und für die Mitternachtsrunde – hat Kito rund 14 Stunden geschlafen. Es sah immer wieder super-süß aus, wie er sich wie hingegossen auf dem Bett ausstreckte. Auch heute früh hat er es keineswegs eilig, auf seine Frührunde zu gehen. Also kuscheln wir ausgiebig und stehen erst gegen halb neun Uhr auf. Mit Frührunde, Frühstück und Packen vergeht die Zeit wie im Flug, und so ist es bereits 10:20 Uhr, als wir endlich wieder auf dem Weg sind. Na ja, dorthin müssen wir ja erst noch rund 500 Meter leicht bergab gehen, wobei uns dabei unsere Gastgeberin begegnet und uns einen guten Weg wünscht.

Das gesamte Häuschen ist unser Pilgerquartier.

An der Kreuzung im Ortszentrum gehen wir nach rechts und verlassen **Groß Bengerstorf** bereits nach rund einhundert Metern. Zwei Große Berner Sennhunde sehen uns hinterher.

Die Natur ist üppig. Aktuell haben wir knapp über 20 °C und wechselnde Bewölkung, also gute Pilgerbedingungen.

Wir erreichen und durchqueren das **Naturschutzgebiet Breziner Heide** (hier gibt es Hügelgräber aus der Bronzezeit) und den Ort **Brezin**. An der folgenden Kreuzung bin ich kurz versucht, geradeaus auf direktem Weg nach Zahrendorf zu gehen und Wiebendorf einfach links liegen zu lassen. Da es jedoch keinen zwingenden Grund dazu gibt, biegen wir an der Kreuzung nach links ab und nehmen Kurs auf **Wiebendorf**.

in Brezin: „Na, Kleiner!“ – „Na, Großer!“

Vor dem Ort entdecken wir rechts von uns einen Storch, der einem Trecker folgt, der eine Wiesenfläche vertikutiert. Teilweise ist er dem Trecker sogar im Weg.

aufdringlicher Storch vor Wiebendorf

Pferdestall mit Wasserturm des ehemaligen Ritterguts Wiebendorf

In Wiebendorf finden wir nichts Besonderes, sieht man einmal von einer großen kirchenähnlichen Scheune ab, die ihre beste Zeit eindeutig lange hinter sich hat. Wie ich später recherchiere, handelt es sich um den Pferdestall mit Wasserturm des zum hiesigen Rittergut gehörenden, Ende des 19. Jahrhunderts errichteten Wirtschaftshof.

Wie biegen, wie auf der Wanderkarte eingezeichnet, rasch wieder nach rechts ab, verpassen aber den korrekten Weg und kommen leicht östlicher in **Zahrensdorf** an. Wie so mancher andere Ort an unserem Weg ist auch Zahrensdorf erstmals 1230 im Ratzeburger Zehntregister aufgeführt. Damals hieß es *Tsarnekestorp*, was *Dorf des Čarnek* bedeutete. Zum Ort gehörte das gleichnamige Rittergut, das sich mindestens seit Ende des 18. Jahrhunderts im Besitz der Familie *von Lücken* befand.

Zahrensdorfs wichtigste Sehenswürdigkeit (das Herrenhaus existiert nicht mehr) ist ohne Frage die **Feldsteinkirche von 1230**, die eine der ältesten ihrer Art in Mecklenburg-Vorpommern ist. Leider ist sie zu. Damit entgeht uns die sehenswerte Kanzel von 1634 mit ihren Schnitzereien. Gleich am Friedhofseingang stoßen wir auf eine Familiengrablege, die als Mausoleum konzipiert ist. Das in schwarzen Granit gravierte Wappen ist kaum zu erkennen, aber dafür der Name *„von Haase"* und die Jahreszahl 1882.

Im hinteren Teil des Friedhofs steht ein weiteres kirchenähnliches Gebäude mit der Jahreszahl 1894. Eine Frau, die eines der Gräber pflegt, erklärt mir, dies sei für die nicht-kirchlichen Beisetzungen da. Offenbar war dieses Gebäude als Grabkapelle der Familie von Haase errichtet worden, kam als solches aber nicht wirklich zur Geltung und wurde nach 1945 umgewidmet. Allerdings finde ich hierzu fast keine Informationen im Web und kann auch über die Kirchengemeinde keine eruieren.

Zahrensdorfs Feldsteinkirche von 1230

Grabkapelle der Familie von Haase (1894) auf dem Friedhof Zahrensdorf

FAMILIE VON HAASE

Das vorerwähnte Mausoleum und das kirchenähnliche Gebäude im hinteren Friedhofsbereich sowie der Familienname „von Haase" machen mich neugierig und veranlassen mich, nach unserer Rückkehr im Web zu recherchieren. Da ich mich in den letzten Jahren intensiv mit Schlössern, Gütern und Herrenhäusern in den Herzogtümern Schleswig, Holstein, Lauenburg, Mecklenburg sowie Braunschweig-Lüneburg befasst habe, sind mir die meisten Besitzerfamilien der Rittergüter (die in den drei erstgenannten Gebieten „Adlige Güter" genannt werden) geläufig. Eine Familie von Haase kenne ich jedoch bislang nicht.

Die Spur führt zu **Carl Hermann Theodor Haase**, auch *Karl Haase* genannt, **ab 1889 von Haase**, geboren am 19. Juli 1831 in Stralsund. Wikipedia weiß über ihn folgendes zu berichten (Hervorhebungen durch mich):

Haase hatte nach dem Besuch der Elementarschule und des Gymnasiums Stralsund als Einjährig-Freiwilliger beim II. Bataillon des preußischen 2. Infanterie-(Königs-)Regiments gedient. Anschließend absolvierte er eine Lehre als Maschinenbauer und war danach in verschiedenen Maschinenbau-Werkstätten tätig, wobei er zuletzt mit Montagearbeiten in den Berliner Gasanstalten betraut war.

1853 trat er als Assistent in die Gasanstalt in der Gitschiner Straße in Berlin-Kreuzberg ein, war anschließend Betriebsassistent in der Gasanstalt am Stralauer Platz und ab 1858 beim Neubau der Gasanstalt III in der Müllerstraße tätig, deren Leitung er als Betriebsdirigent übernahm und bis 1873 beibehielt.

1873 bewarb er sich um die damals ausgeschriebene Pachtung der Hamburger Gaswerke, die ihm auf die Fürsprache von Bürgermeister Nicolaus Ferdinand Haller auch zugesprochen wurde. Haase übernahm die Pachtung und Oberleitung der Hamburger Gaswerke durch Vertrag vom 10. Februar 1874 zunächst auf die

Dauer von zehn Jahren. 1882 wurde der Vertrag erneuert, der auch die Übernahme des Baus und Betriebs des zu errichtenden städtischen Elektrizitätswerks regelte. Haase kündigte den Vertrag zum 1. April 1891, woraufhin die Hamburger Gaswerke ein städtischer Betrieb wurden.

Um seinem außerordentlichen Reichtum eine entsprechende gesellschaftliche Anerkennung folgen zu lassen, erwarb er 1880 und 1886 gleich zwei Rittergüter mitsamt ausgedehntem Landbesitz im Großherzogtum Mecklenburg-Schwerin. 1880 erwarb er Wiebendorf, heute Ortsteil von Bengerstorf, Landkreis Ludwigslust-Parchim, wozu auch der Hof Bretzin gehörte. 1886 kam für 1,5 Millionen Mark das Gut Roggendorf mit seinen Pertinenzien Marienthal, Klein Salitz und Dorotheenhof hinzu.

Damit besaß er nun auch zwei Stimmen in der Ständeversammlung der großherzoglich-mecklenburgischen Ritterschaft, denn dieses Stimmrecht hing alleine am Besitz eines solchen Ritterguts, ganz egal, welchem Stand der jeweilige Besitzer selbst angehörte.

Haase war damals durchaus im Trend: Gegen Ende des Kaiserreichs bzw. seiner feudalen Teilstaaten (Königreiche, Groß-/Herzogtümer, Fürstentümer) war der Titel „Rittergutbesitzer" im reichen Bürgertum von höchstem Prestigewert. Nicht von ungefähr waren nach 1900 mehr als die Hälfte aller Rittergüter im Großherzogtum Mecklenburg (und damit deren Stimmen in der Ritterschaft) in großbürgerlicher Hand.

1888 folgte Haases Ernennung zum Kaiserlich Persischen Generalkonsul in Hamburg und ein Jahr später durch den preußischen König die Erhebung in den erblichen Adelsstand, allerdings offenbar ohne Adelstitel (wie Baron oder Graf). Aber auch ohne Titel war dies ein immenser gesellschaftlicher Aufstieg.

Für die Neugestaltung seiner Rittergüter war von Haase nichts zu gut und nichts zu teuer. So beauftragte er niemanden geringeren als den Architekten des Hamburger Rathauses, Martin Haller, ab

1882 seine Familiengrablege auf dem zugeordneten Friedhof in Zahrensdorf und den Neubau seines Herrenhauses in Wiebendorf zu entwerfen. Bei letzterem ließ er Haller weitgehende Freiheiten. Er bestand lediglich auf einer zentralen Kuppel, die so hoch wie die des königlichen Schlosses Charlottenburg sein sollte. Nach zweijähriger Bauzeit war der imposante Zentralkuppelbau im Stil der klassischen Renaissance fertig. Er war 51 Meter breit, 29 Meter tief und hatte eine Kuppelhöhe von 37 Metern.

1889 errichtete er aus den Gütern eine Fideikommißstiftung, die am 4. März 1889 die landesherrliche Bestätigung erhielt.

1891 zog er ganz auf seine Güter, starb aber schon im November 1893 infolge einer schweren Erkrankung in Hamburg. Er wurde anschließend nach Wiebendorf überführt und dann in der Familiengruft auf dem Zahrensdorfer Kirchhof beigesetzt.

Die adlige Familie von Haase ist also keineswegs eine der alten Adelsfamilien, sondern nicht nur neureich, sondern auch neuadlig. Das soll per se kein Makel sein. Carl von Haase hat es ganz offensichtlich aus eigener Tüchtigkeit und unternehmerischem Geschick zu immensem Reichtum und zu gesellschaftlicher Anerkennung gebracht.

Familie und Nachkommen

Am 6. Oktober 1860 heiratete Theodor Haase in Berlin Marie Emilie Malwine Lewien (1841-1897). Das Paar bekam drei Kinder, die Tochter Wally Charlotte Emelie (* 6. Mai 1863 in Berlin), die Tochter Elfriede Else Emilie (* 12. Juli 1871 in Berlin) sowie den Sohn Arthur Benno Kurt (Curt) (* 9. Dezember 1882 in Hamburg), der nach dem Tod von Carl von Haase Nutznießer des Familienfideikommisses wurde und bis Mitte der 1930er Jahre in Wiebendorf, anschließend bis 1945 in Roggendorf lebte.

Wiebendorf wurde – Fideikommiss hin oder her – offenbar 1935 verkauft, Roggendorf ab 1935 wohl zwangsverwaltet und beide

Güter 1945 von der sowjetischen Besatzungsmacht zwangsenteignet. Die Sowjets sprengten auch die Reste des Wiebendorfer Gutshauses, das bereits 1943 durch eine Explosion aus ungeklärter Ursache erheblich zerstört worden war.

Zwischen Aufstieg und Fall der Familie von Haase und ihrem riesigen Vermögen liegen also gerade einmal rund 60 Jahre.

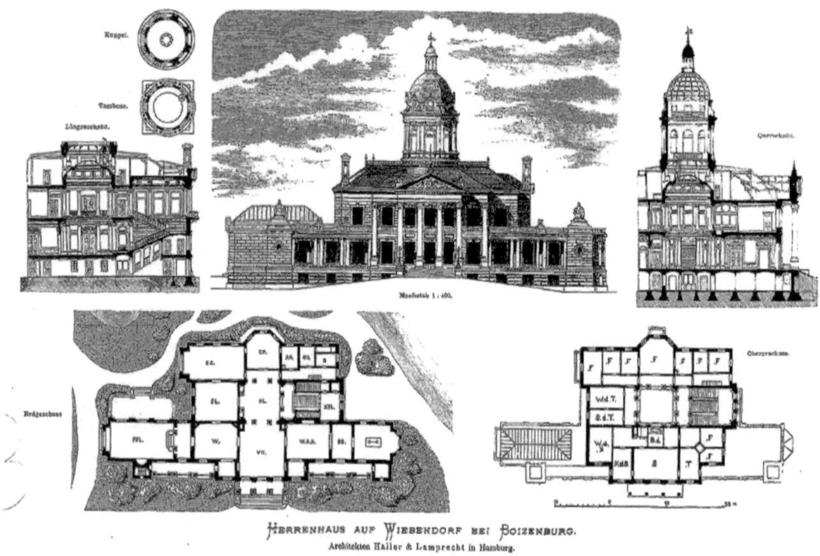

Herrenhaus Wiebendorf, Bauzeichnung der Architekten Haller & Lamprecht, Hamburg - Deutsche Bauzeitung 1885, Gemeinfrei, https://commons.wikimedia.org/w/index.php?curid=19860956

17.06.2024
VON GROSS BENGERSTORF NACH BOIZENBURG / ELBE (FORTSETZUNG)

Der nachfolgende Wegabschnitt führt uns von Zahrensdorf aus durch volle Mittagssonne schnurstracks nach Süden. Wir passieren den aus nur wenigen Häusern, aber immerhin einer produzierenden Firma mit acht großen Gebäuden und einem Flugplatz bestehenden Ort **Kiekut** und gehen weiter bis zur Bahnlinie Hamburg – Berlin, die wir gemeinsam mit der Schaale unterqueren.

Nach Köterbusch gestern lernen wir heute **Hühnerbusch** kennen. Auch diese Siedlung besteht nur aus knapp einem Dutzend Häusern, veranstaltet aber immerhin demnächst auf dem Forsthaus-Gelände ein Irish-Folk-Festival. Und am Ortsausgang entdeckt Kito rechts an der Straße einen prima Unterstand. Nach unseren Pausen auf dem Friedhof Zahrensdorf und vor der Bahnunterführung will ich hier aber nicht nochmals halten, sondern zügig nach **Blücher** durchziehen.

Blücher ist ein ehemaliges Gutsdorf, das unter dem Namen *Bluggere* 1230 im Ratzeburger Zehntregister urkundlich erwähnt wird. Das Gut gilt als Stammsitz der Adelsfamilie von Blücher. Die Gutsanlage geht auf eine alte Burg aus dem 12./13. Jahrhundert zurück, der Festungsgraben ist heute noch vorhanden. Für das 1703 erbaute barocke Gutshaus wurde Baumaterial des ab 1690 abgebrochenen Renaissanceschlosses Neuhaus/Elbe verwendet. 1702 hatte der kurhannoversche Major Victor von Zülow das Gut und Dorf Bülow von der Familie von Dehn erworben. Über dem Portal befindet sich das Allianzwappen Zülows und seiner Gemahlin Dorothea, geb. von Delwig.

Schaale zwischen Hühnerbusch und Blücher

Herrenhaus Blücher von 1703

Wir entdecken sofort das einstige **Gutshaus**, das chic renoviert ist und ganz offenbar von mehreren Parteien bewohnt wird, und gehen weiter zur neugotischen **Dorfkirche von 1876**, Nachfolgebau einer alten Kirche. Sie ist leider zu und wird außerdem gerade renoviert. Aber der Friedhof bietet frisches Wasser und eine Bank für die dritte Pause des Tages. Kito trinkt sein Wasserschälchen im Nu leer und hat auch das Trockenfutter in Rekordzeit vertilgt. Wir gehen am **Alten Pastorat** vorbei, das bis 1998 vom hiesigen Pastor bewohnt wurde und seitdem für Gemeindeveranstaltungen und als Gästehaus genutzt wird. Nach einem Klönschnack mit einer Nachbarin gelangen wir über den Elbdeich wieder zur Landstraße.

Blücher liegt ziemlich genau in der Mitte unserer heutigen gut 26 Kilometer langen Etappe. Wenn wir für die zweite Streckenhälfte genauso lange benötigen wie für die erste, werden wir erst nach 20 Uhr in Boizenburg ankommen. Wir sollten uns also etwas sputen.

Bis **Gülze** muss Kito mal wieder angeleint gehen, da unsere Straße keinen separaten Geh-/Radweg besitzt, aber als unser Weg danach auf dem Abschnitt nach **Bandekow** neben der Straße auf der Deichkrone verläuft, darf Kito sich wieder frei bewegen. In Bandekow bekommen wir einige wenige Regentropfen ab. Aber wir haben wieder einmal Glück und berühren offenbar wieder nur den äußersten Rand des durchziehenden Regengebiets.

Ab Bandekow sind wir dann auch wieder, abseits irgendwelcher Straßen, im **Biosphärenreservat Flusslandschaft Elbe Mecklenburg-Vorpommern** unterwegs. Beidseits unseres befestigten Wegs ist feinste Natur. Kito bleibt wie stets in meiner Nähe. Erst als er am Ende des schnurgeraden Wegs einen Hasen entdeckt, muss ich ihn einmal kurz zurückrufen. Aber auch da ist er nach 2-3 Sekunden wieder auf dem Weg zurück zu mir. Als wir dann ein kleines Wiesel dicht vor uns sehen, reagiert Kito dagegen gar nicht. So etwas kennt er nicht.

Wanderdüne vor Gothmann

Kito genießt jede Rast.

Wir nähern uns einer großen Wanderdüne, wobei wir hier auf sandigem Heideboden unterwegs sind. Nach einer Rast, bei der Kito erneut viel trinkt, erreichen und durchqueren wir **Gothmann**. Der Ort sieht nett und gemütlich aus.

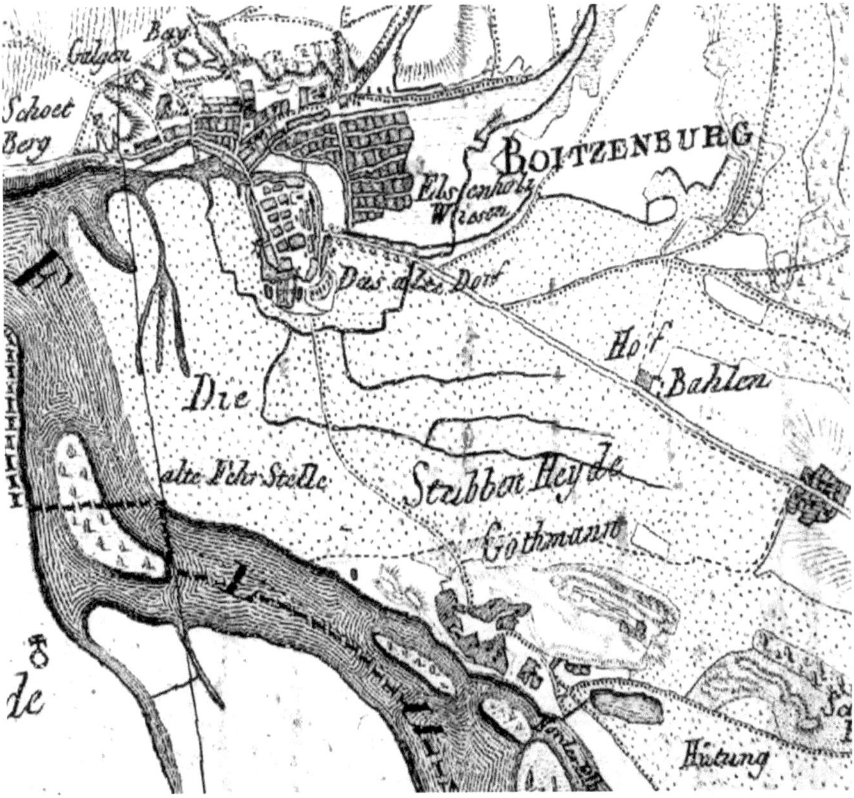

Ausschnitt aus der Schmettauschen Karte von 1788. Damals lag Gothmann dichter an der Elbe als heutzutage und war auch die Sude bereits in die Elbe gemündet.

Übrigens sind wir seit Zarrentin weder gestern noch heute irgendwelcher Infrastruktur in Form vom Einkaufs- oder Einkehrmöglichkeiten begegnet. Dafür haben alle Orte „hohen Freizeitwert", wie dies in Zeitungsanzeigen formuliert werden würde.

Hinter Gothmann folgen wir ein letztes Mal der landseitigen Deichverteidungsstraße. Als wir einen DDR-Wachturm sehen, erklimmen wir den Deich und stellen fest, dass hier zwei Flüsse, nur durch einen Deich getrennt, parallel zueinander fließen. Der kleinere direkt neben unserem Deich ist die Sude, deren letzte 4-5 Kilometer schnurgerade neben der Elbe verlaufen, bevor sie in die Boize und diese wiederum in die Elbe mündet. Der andere Fluss dahinter ist die Elbe.

DDR-Wachturm auf dem Deich zwischen der Sude (im Vordergrund) und der Elbe

Ein Blick zurück zeigt uns, dass sich dort, wo wir noch vor rund einer halben Stunde waren, dicke schwarze Regenwolken zusammengeballt haben und es offensichtlich Starkregen gibt. Da haben wir erneut richtiges Pilgerglück gehabt.

Wir verlassen Deich und Sude und wenden uns **Boizenburg** zu. Dessen Kirchturm können wir schon seit rund einem Kilometer sehen, und bis ins Zentrum ist es nicht einmal mehr so weit.

Eines der ersten Häuser trägt die schöne Inschrift „SUB UMBRA ALARUM TUARUM" (unter dem Schatten deiner Flügel). Sie bezieht sich entweder auf Psalm 36.8 („Wie köstlich ist deine Güte,

Gott, dass Menschenkinder unter dem Schatten deiner Flügel Zuflucht haben!") oder auf den häufig zu findenden Spruch „sub umbra alarum tuarum protege nos, Domine" („unter dem Schatten deiner Flügel beschütze uns, Herr").

Kurz vor dem Marktplatz geht Kito immer noch ohne Leine mit mir auf dem rechten Gehweg, als uns auf der anderen Seite ein Mann mit einem (angeleinten) Hund gleicher Größe und Fellmusterung, aber mit etwas stämmigeren Beinen entgegenkommt. Der ist kein Pinscher, wie ich auf kurze Nachfrage erfahre, sondern ein Jagdterrier. Ich unterhalte mich eine gute Viertelstunde mit dem Mann, der uns bereits auf unserer Straßenseite beim Näherkommen beobachtet hat. Er ist sehr beeindruckt, wie gut und sicher Kito auf meine leisen, kurzen Kommandos reagiert!

Mein kleiner Gefährte ist nach unseren zuletzt doch wieder guten 26 Kilometern bei Wärme bis knapp unter 30 °C am späten Mittag und viel Sonne rechtschaffend müde und alleine deshalb nicht mehr zu Unsinn aufgelegt. Mit Ben, dem Jagdterrier, kommuniziert er bestens und ohne Streit.

Um 19:10 Uhr sitzen Kito und ich auf dem Marktplatz in **Boizenburg**. Wir haben das Rathaus im Rücken und die St.-Marien-Kirche direkt vor uns, als ich Britta Stolpmann, die Pfarrsekretärin, auf ihrem Handy anrufe. Keine zehn Minuten später treffen wir uns an der Kirche.

Das **Gemeindezentrum** der evangelischen Kirchengemeinde befindet sich **<u>in</u>** der Kirche und nimmt mit seinen diversen Räumen (einschließlich Küche und Toiletten) etwa ein Drittel der Innenfläche der Kirche ein.

Wir entscheiden uns für den kleinsten Raum, lassen unser Gepäck dort und machen uns auf den Weg zum von Frau Stolpmann empfohlenen Lokal, wo ich eine Döner Box zum Mitnehmen für uns zwei hole. Bis sie fertig ist, bekomme ich die Schlussminuten des EM-Erstrundenspiels Belgien – Slowakei mit. Das belgische

Ausgleichstor kurz vor Schluss wird nicht gewertet, so dass die Slowakei 1:0 gewinnt.

Nach unserem gemeinsamen Abendessen und einem langen Telefonat mit Christine schreibe ich meine Tageserlebnisse nieder und gönne ich mir dabei zwei Becher Tee. Kito macht das, was er nach einem solchen Tag am liebsten macht: schlafen.

Unsere Spätrunde findet diesmal bereits eine halbe Stunde vor Mitternacht statt. Dann ist Nachtruhe.

Tagesdistanz: 24,6 km

Gesamtdistanz: 95,2 km

Erkenntnis des Tages: Die Natur in diesen beiden Biosphärenreservaten Schaalsee und Flusslandschaft ist außerordentlich schön. Hier zu Fuß und mit meinem vierbeinigen Gefährten unterwegs zu sein, ist ein Privileg und wirkliche Lebensqualität. Und mit einem wieder einmal zügigeren Schlussabschnitt kommen wir gut in der Tageszeit ins Ziel.

18.06.2024
VON BOIZENBURG / ELBE
NACH LAUENBURG / ELBE

Heute früh verbinden Kito und ich seine Morgenrunde mit einem ersten kleinen Stadtrundgang und einem Einkauf im örtlichen KONSUM.

Boizenburg ist nicht nur die westlichste Stadt des Landes Mecklenburg-Vorpommern, sondern vor allem auch eine hübsche und geschichtsträchtige Kleinstadt, deren Name sich von einer ehemaligen Burg am Fluss Boize ableitet. Die älteste Erwähnung als *territorio boyceneburg* findet sich in einer Urkunde Heinrichs des Löwen von 1171, die folgenden in einem Dokument von 1223 als *terra boyzenburc* und im Ratzeburger Zehntregister von 1230 als *terra boyceneburch*. 1255 wurde erstmals der Name *Boitzenborg* erwähnt. Bis in die Mitte des 19. Jahrhunderts wurde er mit einem t, also *Boitzenburg* geschrieben.

Das heutige Stadtbild Boizenburgs ist nicht historisch, sondern entstand erst nach dem großen Stadtbrand vom 15. und 16.10.1709, bei dem mehr als 150 Häuser sowie das Rathaus und die Kirche abbrannten. 1711/12 wurde das barocke Fachwerk-Rathaus als freistehender Fachwerkbau auf dem Marktplatz neu aufgebaut, ab 1717 folgte auf den Resten der Ruine der Wiederaufbau der Kirche im barocken Stil. Die Innenstadt selbst wurde, auch im Sinne des Brandschutzes, mit schachbrettartigem Grundriss wiederaufgebaut. In dieser Zeit erhielt die Stadt ihre noch heute erhaltene barocke Prägung. Viele der zumeist im 18. Jahrhundert entstandenen Fachwerkhäuser sowie der später erbauten klassizistischen Stadthäuser sind bemerkenswert gut erhalten und gepflegt.

Die dreischiffige, evangelische **St. Marien Stadtkirche** steht am Nordrand des Markts. Der 1217 begonnene erste Kirchenbau an dieser Stelle war überwiegend romanisch im Stil einer westfälischen Stadtkirche des 13. Jahrhunderts. Diese Kirche wurde im Juli 1627 – während des Dreißigjährigen Krieges – durch Explosion lagernder Pulverbestände zerstört. Ihr Wiederaufbau dauerte bis 1677. Nach dem Stadtbrand von 1709, also nur 32 Jahre später, erhielt die Pfarrkirche einen neuen Turm sowie barocke Stilelemente. Von 1860 bis 1865 entstanden neugotische Anbauten und wurde auch die Innenausstattung der Kirche neugotisch überarbeitet. Die romantische Orgel des Schweriner Hoforgelbauers Friese von 1892 sowie die von einer Hamburger Kirche nach dem Stadtbrand gestiftete barocke Altar und die Kanzel blieben erhalten.

Um 1985 herum erfolgte innerhalb der vormaligen Apsis ein gläserner Einbau, der nun das Gemeindezentrum ist. Dies ist unser Übernachtungsquartier hier in der Gemeinde.

St. Marien Kirche, hinter dem Altar die gläserne Struktur des Gemeindezentrums

Nach dem Einkauf kehren Kito und ich hierher zurück, um in Ruhe zu frühstücken. Die heute nur 15 Kilometer bis nach Lauenburg genießen wir ganz entspannt. Nachdem wir dann endlich aufgebrochen sind und den Schlüssel nebst Spende in den Briefkasten des Gemeindebüros eingeworfen haben, bummeln wir noch ein wenig durch die schöne Umgebung des Marktplatzes. Dabei holen wir uns in der Stadtinformation einen Stadtplan sowie einige Flyer zur Stadt und essen noch in Ruhe ein Eis.

freistehendes barockes Fachwerk-Rathaus von 1711/12

Wir gehen durch die Reichenstraße, vorbei am ersten deutschen **Fliesenmuseum**, und biegen dann nach links (= Süden) in die Klingenbergstraße ab. Dies ist nicht die Route unseres Zisterzienserwegs, aber eine hübsche, vom Mitarbeiter der Stadtinformation empfohlene Variante. In beiden Straßen gibt es nämlich jede Menge bestens renovierter alter Häuser. Viele sind in Fachwerkbauweise errichtet.

Über einen schmalen Weg gelangen wir zum Bereich des einstigen westlichen Wallgrabens und damit ins Grüne. So nähern wir uns von Süden dem Hafen und dem Elbdeich. Die nach dem

Jahrhunderthochwasser 2002 verstärkten Schutzmaßnahmen verhinderten eine erneute Überflutung der Stadt während des Hochwassers 2013. Nachdem wir den Hafen erreicht und im Hotel Restaurant Stadt Boizenburg noch unsere Wasserflaschen aufgefüllt haben, verlassen wir Boizenburg über die zunehmend ansteigende Hamburger Straße. Der nun folgende fast zehn Kilometer breite Geländestreifen bis zur einstigen innerdeutschen Grenze war von etwa 1950 bis zur Grenzöffnung 1989 Sperrgebiet und mindestens für die eigenen Bürger der DDR absolut tabu.

Wir erklimmen spürbar die **Elbberge**. Links neben unserem Weg steht eine Gedenktafel an die Häftlinge des Außenlagers des KZ Neuengamme 1944/1945. Vierhundert Jüdinnen aus Ungarn mussten damals Zwangsarbeit auf der Elbewerft Boizenburg leisten. Das Lagergelände selbst sehen wir nicht. Es befindet sich südlich des Grenzkontrollpunkts in Vier.

Wachturm am ehemaligen Transitkontrollpunkt in Vier

In diesem Abschnitt ist der Radweg und damit auch unser Pilgerweg wegen abgerutschter Hangabschnitte der Elbberge gesperrt, so dass wir weiter dem Rad- bzw. Gehweg entlang der mäßig befahrenen ehemaligen Fernstraße 5 folgen müssen.

Am **Transitkontrollpunkt Vier**, in dem von 1973 bis 1990 DDR-Volkspolizisten den Verkehr ins Grenzsperrgebiet und zur deutsch-deutschen Grenze kontrollierten, steht noch ein kleiner Wachtturm sowie auf der rechten Straßenseite ein Kontrollgebäude. Letzteres hatte zuletzt das Restaurant „Checkpoint Harry" beherbergt, steht aber derzeit leer und zum Verkauf. Zahlreiche Informationstafeln dokumentieren sehr anschaulich und beklemmend die Geschichte der Teilung sowie der innerdeutschen Grenze im Kreis Hagenow von 1952 bis 1990.

Wegen des abgerutschten bzw. gesperrten Stück des Elberadwegs bleiben wir noch 3,6 Kilometer neben der einstigen Fernstraße 5 und heutigen Bundesstraße 5, die jedoch einen gut ausgebauten Geh-/Radweg mit angenehm breiten Grünstreifen zwischen Straße und Weg hat, so dass Kito weiter frei pilgern kann. Ohne genauere Informationen zum Zugang und Wiedereinstieg in den Elberadweg erscheint mir dies sicherer. Erst an einem Park-/Rastplatz neben unserem Radweg biegen wir dann in den Wald zur Linken ab und haben gut 50 Meter später den alten Grenztruppenweg erreicht, der ganz offenbar jetzt Elberadweg und unser Pilgerweg ist. Ihm folgen wir nun 1,5 Kilometer durch Kiefern-/Mischwald, der vor 35 Jahren ganz sicher hier noch nicht existierte, weil die Grenztruppen der DDR ja freies Sicht- und Schussfeld benötigten. Rechts von uns ist die B 5, links der Abhang hinunter zum Elbeufer.

Nach einem Abstieg fast wieder auf Höhenniveau der Elbe, erreichen und überqueren wir den von Bickhusen bzw. Horst kommenden Mühlenbach und kommen auf der anderen Bachseite zu einem Pumpwerk, mit dessen Hilfe das von diversen Entwässerungsgräben stammende Wasser in die Elbe gepumpt wurde bzw. wird.

Abschnitt auf dem ehemaligen Patrouillenweg

Blick über den Mühlenbach zum Pumpwerk, wo wir neben der Infotafel rasten werden

Kito genießt den Schatten und die Auszeit.

Hier legen wir unsere bereits mindestens vierte Rast dieses heißen Tages ein. Seit dem Mittag sind es sicher wieder um und bei 30 °C im Schatten. Zu Kitos Freude nickern wir rund zwanzig Minuten im angenehmen Schatten und im feuchten Gras.

Die nächsten 2,1 Kilometer bis zur Landesgrenze folgen wir dem Grasweg auf der Deichkrone des Elbedeiches, wobei uns natürlich auch die Deichverteidigungsstraße zur Verfügung steht. Auf der ist jedoch reger Fahrradverkehr, und außerdem haben wir von der Deichkrone einen schönen Ausblick zur Elbe links neben uns.

Erst unmittelbar nach der Landesgrenze und nun erstmals auf dieser Reise in Schleswig-Holstein statt in Mecklenburg-Vorpommern steigen wir herab zum asphaltierten Deichverteidigungsweg. Hier gibt es auch ein paar Bänke, die wir zu einer letzten Rast nutzen, sowie eine Übersichtskarte und Infos zu den hiesigen Naturschutzgebieten, die sich nahtlos an die mecklenburgischen anschließen.

letztes Stück mecklenburgischer Elbdeich

Der „Deich-Pinschling“ checkt den zusammengerollten Weidezaun.

Auf dem folgenden Wegabschnitt, auf dem uns mehr und mehr Hunde mit ihren Menschen sowie auch viele Radfahrer begegnen, findet Kito am Deichfuß einen zu einem Bündel zusammengerollten mobilen Weidezaun für eine Schafherde. Den muss er natürlich erst einmal ausgiebig „begutachten".

Als wir wenig später die Elbbrücke **Lauenburg** und die B 209 erreichen, gilt es für uns, ohne unnötige Umwege zu unserem Ziel, dem Fürstengarten zu gelangen. Das gelingt uns gut: Zunächst unterqueren wir den rechtselbischen Brückenausläufer, steigen hinter ihm hoch zur linken Straßenseite der Bundesstraße, lassen den Bahnhof auf der rechten Straßenseite noch außer Acht und überqueren mit der B 209 den Elbe-Lübeck-Kanal. Von der Brücke aus hat man eine prima Sicht auf den Kanal und ein Werftgelände.

Elbe-Lübeck-Kanal

Der Beruf des „beeidigten Ortswägers“ ist heutzutage auch eher selten anzutreffen.

Hinter der Kanalbrücke biegen wir nach links in das stumpfe Ende der Bahnhofstraße ein, passieren eine alte Fahrzeugwaage und nutzen den nächsten Abzweig nach rechts zur Straße Großer Sandberg. Bereits nach wenige Metern beginnt dann auf der linken Seite die Askaniertreppe, benannt nach den bis 1689 regierenden Landesherren des Herzogtums Sachsen-Lauenburg.

Während ich mich mit meinem Rucksack die 175 Treppenstufen hinaufkämpfe, ist Kito längst oben und schaut immer wieder, wo ich denn bleibe.

Nun haben wir den **Fürstengarten** erreicht, einen schönen und gepflegten Park mit guter Aussicht auf die Elbe. Über die gleichnamige Straße ist es nur noch ein „Pinschersprung“ zum Amtsplatz und Kornhausplatz, wo die beiden letzten verbliebenen Gebäude der einstigen Herzogsschlosses stehen und wir unsere Reise auf dem Weg der Zisterzienser für dieses Mal beenden.

Askaniertreppe

Schlossturm in Lauenburg

Nun gehen wir auf unseren eigenen Spuren wieder zurück bis zum Bahnhof, wo ich an einem Automaten auf dem Bahnsteig unser Rückfahrtticket nach Hamburg ziehe. Die aktuell günstigste Verbindung ist die nach Lüneburg und von dort dann nach Hamburg Hbf und per S 1 nach Poppenbüttel. Leider hat der Anschlusszug in Lüneburg jedoch 30 Minuten Verspätung. Vielleicht wäre doch die Verbindung über Büchen besser gewesen? Aber wer weiß das schon?
Aber die Wartezeit auf dem zugigen Bahnsteig geht auch vorbei, und bald sitzen wir wieder bequem im nächsten Zug. Als wir in Poppenbüttel ankommen und aus der S 1 steigen, „begrüßt" uns ein letzter Regenschauer. Mit unserem rasch übergeworfenen Regenzeug ist aber auch der kein Problem, zumal uns Christine auf halbem Fußweg nach Hause mit ihrem Auto entgegenkommt.

Tagesdistanz: 15,3 km

Gesamtdistanz: 110,5 km

Erkenntnis des Tages: Diese letzte, kurze Tagesetappe war ein angenehmer Ausklang unserer Erkundungsreise auf dem Wegnetz der Zisterzienser. Zugleich trafen wir erneut – wie bereits bei den ersten beiden Tagen dieser Tour – auf die Spuren der deutsch-deutschen Teilung von 1945 bis 1990. Dass diese seit mehr als 30 Jahren nun passé ist und wir heutzutage wieder ohne innerdeutsche Grenze und politische Abschottung im Miteinander leben, ist ein Geschenk, das wir stets zu schätzen wissen sollten.

RÜCKBLICK & FAZIT

Das Rehnaer Projektangebot „Europäischer Zisterzienser Pilgerweg durch die UNESCO-Biosphärenreservate Schaalsee und Flusslandschaft Elbe" ist eine sehr gelungene Idee mit vielen herrlichen Wegen und Landschaften. Wir hatten uns für diese 110 Kilometer knapp fünf Tage Zeit genommen, was auch gut passte, und zwar sowohl von der Wander-/Pilgerleistung her als auch bei den Quartieren.

Wer auf diesem Weg – zu Fuß oder per Fahrrad – unterwegs ist, erlebt wunderschöne Natur, die oft unberührt und sich selbst überlassen ist.

An freilebenden Tieren begegneten Kito und mir Rehe und viele Störche, aber auch eine Wildkatze und ein Kleines Wiesel.

Die Wegbeschaffenheit wechselt immer wieder zwischen meist sehr verkehrsarmen Asphaltstraßen, Betonspurwegen und unbefestigten Feld- und Waldwegen. Im Bereich zwischen Lassahn und Zarrentin waren einige Wege nach den kurz zuvor niedergegangenen Regengüssen aufgeweicht und auch rutschig. Dieser Abschnitt, der zugleich einer der schönsten ist, erforderte daher besondere Vorsicht und Aufmerksamkeit.

Die Infrastruktur zwischen Rehna und Lauenburg/Elbe ist sehr überschaubar:

Einkaufsmöglichkeiten gibt es in Rehna (PENNY und LIDL), in Zarrentin (REWE und PENNY), in Boizenburg/Elbe (KONSUM u.a.) und am Ziel in Lauenburg/Elbe, wo wir sie zuletzt aber nicht mehr benötigen.

Einkehr ist in der Mosterei in Kneese Dorf möglich (hier gibt es auch Kaffee und Kuchen), auf der Terrasse des „Seeblick" in Lassahn (Kaffee, Kuchen und warme Suppen und Speisen) und natürlich in Zarrentin. Ansonsten erst wieder in Boizenburg und Lauenburg, was aber auch daran liegt, dass der Weg viele Orte nur streift.

In Schildfeld soll es ebenfalls eine Möglichkeit zum Einkauf und/oder Einkehr geben, die sich für uns wegen des Sonntags jedoch nicht anbot und die wir auch nicht suchten.

Unterkünfte gibt es nach meinem Kenntnisstand in Klein Thurow, Groß Thurow (nur für Gruppen?), Lassahn, Zarrentin, Groß Bengerstorf, Wiebendorf, Blücher, Boizenburg und Lauenburg.

Alles in allem haben wir auf früheren Pilgerwegen schon schlechtere Infrastruktur erlebt. Jedenfalls mussten wir hier weder hungern noch dursten und hatten an jedem Abend ein warmes und trockenes Plätzchen zum Übernachten. Und darauf kommt es ja auch an. Luxus haben wir dann im Alltag wieder.

Die Idee, den Weg der Zisterzienser irgendwann einmal vom wichtigsten norddeutschen Zisterzienserkloster in Doberan bis Lüneburg, von dort weiter nach Loccum und schließlich bis nach Volkenroda zu gehen, ist nach dieser „Schnupperreise" von Rehna nach Lauenburg weiter aktuell. Ihre Realisierung ist – ebenso wie die anderer Pilgerweg-Ideen – eine Frage der verbleibenden Lebensjahre, der Gesundheit und Fitness sowie der Finanzen…

UNSERE UNTERKÜNFTE

Pilgerherberge Rehna (Klosterscheune beim Pfarrhaus bzw. Kloster), Mühlenstr. 13, 19217 **Rehna**, Pastor Overdiek, Tel. 038872 53313, bzw. Angelika Krause (Kirchenälteste), Tel. 038872 149812 und 0176 99907106, Dusche und Küche (mit Kühlschrank, Eisschrank, Mikrowelle, Wasserkocher, Kaffeemaschine) sind vorhanden, WLAN, 2 Betten in DZ plus weitere Schlafplatzoptionen im Obergeschoss, Schlafsack (und ggfs. Isomatte) sind mitzubringen, 20 € / Person

Gemeindehaus der Ev.-luth. Kirchengemeinde Zarrentin, Amtsstaße 9, 19246 **Zarrentin**, Tel. 038851 25751, zarrentin@elkm.de, kirche-zarrentin.de: keine offizielle PU, aber bei frühzeitiger Anmeldung Unterbringung im Gemeindehaus möglich, keine Betten, daher Isomatte und Schlafsack notwendig, keine Dusche, aber Küche (mit Kühlschrank, Wasserkocher, Kaffeemaschine), Spende

Pension Papenfuß, Beckendorfer Weg 19, 19258 **Groß Bengerstorf**, 500 m vom Weg, 038843 20144 bzw. 01522 2186622, 2 EZ, 2 DZ, unser EZ mit Couch, Bett, Tisch mit 4 Stühlen, Küchenbereich und separatem Bad mit Dusche, 25 €

Gemeindezentrum der Ev.-luth. Kirchengemeinde St. Marien (in der Kirche), Kirchplatz 14, 19258 **Boizenburg/Elbe**, Pastor Dr. Daniel Havemann 0171 1984964, Kirchenbüro Britta Stolpmann Mi 10-12 h, 038847 52090, bei frühzeitiger Anmeldung Unterbringung im Gemeindezentrum in der Kirche möglich, keine Betten, daher Isomatte und Schlafsack notwendig, keine Dusche, aber Küche (mit Kühlschrank, Wasserkocher, Kaffeemaschine), Spende

WEITERE INFORMATIONEN

Stadtinformation Rehna im Deutschen Haus
Kostenlose W-LAN Nutzung möglich!!!
Gletzower Straße 15
19217 Rehna
Tel.: 038872-52335
stadtinfo@stadtrehna.de
Link: www.stadtrehna.de
Öffnungszeiten
Montag: 13:00 - 16:00 Uhr
Dienstag: 10:00 - 12:00 Uhr und 13:00 - 18:00 Uhr
Mittwoch: 13:00 - 16:00 Uhr
Donnerstag: 10:00 - 12:00 Uhr und 13:00 - 17:00 Uhr

Kloster- und Stadtinformation am Kloster
Kirchplatz 1a
19217 Rehna
Tel.: 038872-52765
info@kloster-rehna.de
Link: www.kloster-rehna.de
Öffnungszeiten
1. März bis 31. Oktober
Dienstag bis Freitag: 10 - 17 Uhr
Samstag, Sonntag, an Feiertagen: 11 - 17 Uhr
November bis Ende Februar
geschlossen

Stadtinformation Boizenburg/Elbe
Markt 14
19258 Boizenburg/Elbe
Tel.: 038847-335354
Montag - Freitag: 10 - 13 Uhr
Samstag & Sonntag: geschlossen
Link: www.boizenburg.de

ÜBER DEN AUTOR

Christian Hottas, Jahrgang 1956, lebt seit 1979 in Hamburg, wo er seit 1993 als Facharzt für Allgemeinmedizin mit den Zusatzschwerpunkten Sportmedizin, Chirotherapie und reisemedizinische Beratung niedergelassen ist. Während seiner Sportmedizin-Weiterbildung lief er im April 1987 in Hamburg seinen ersten Marathon und im Juli 1987 in Karlsruhe seinen ersten Ultramarathon.

Im August 2005 absolvierte er seinen 1000. Lauf über mindestens Marathondistanz, im Mai 2013 seinen 2000. und im Juni 2021 dann seinen 3000. derartigen Lauf. Seit August 2011 führt er die „World Megamarathon Rankings" (Weltrangliste der Marathon-Vielfach-Finisher) mit inzwischen großem Vorsprung an.

Zum Pilgern kam er erst im Herbst 2018, als er mit seiner heutigen Lebensgefährtin Christine Schroeder seinen ersten Jakobsweg, den Camino Inglés, ging.

Zunächst pandemiebedingt, konzentrierte sich sein Pilgerinteresse seit 2020 auf deutsche Pilgerwege, wobei ihn insbesondere weniger bekannte Strecken faszinieren. Seit Sommer 2021 ist auch Familienhund Kito (Pinscher-Mix, Jahrgang 2019) mit Begeisterung dabei.

Seither hat es für Christian auch keinen Pilgertag ohne Kito gegeben. Kito ist Pilger durch und durch und Christians zuverlässiger Begleiter und Beschützer. So kompliziert Pilgern mit Hund anfangs schien, so sehr ist jetzt, da Kito und seine Menschen immer besser aufeinander eingespielt sind, Pilgern ohne Hund beinahe undenkbar.

Derzeit sind **alle drei** – Christian, Christine und Kito – als Jakobspilger von ihrem Zuhause in Hamburg nach Santiago de Compostela unterwegs. Bremen und Wildeshausen (Herbst 2021), Osnabrück, Münster, Herdecke (Frühjahr 2022), Köln und Trier (Herbst 2022), Metz, Toul und Vézelay (Herbst 2023) sowie Nevers und Limoges (Herbst 2024) haben sie bereits erreicht. 2025 werden alle drei noch weiterhin in Frankreich unterwegs sein und dann durch Spanien pilgern.

Kito und Christian sind zudem noch **zu zweit** auf einer anderen Route von Hamburg nach Aachen unterwegs und haben dabei über Soltau,

Mariensee, Loccum und Minden, Bielefeld und Soest bis April 2024 Werl erreicht. Von hier soll es mit Chance ebenfalls 2025 weitergehen.

Auf der VIA ROMEA GERMANICA, einem Pilgerweg von Stade nach Rom, der dem Rückweg-Route einer Dienstreise des Stader Abtes Albert 1236/37 folgt, sind **beide** im Frühjahr und Sommer 2023 von Stade bis nach Nordhausen gegangen. Die Fortsetzung dieses Wegs ist für 2026 geplant.

Kito und Christian auf der Via Romea im Sommer 2023

WEITERE ERLEBNIS-/PILGERBERICHTE DES AUTORS

Camino Inglés – Schnupper-Pilgern von Ferrol nach Santiago de Compostela (Band 1, gegangen 2018, erschienen Herbst 2023, ISBN: 9 783758 308581)

Hümmlinger Pilgerweg – Von Stein zu Stein Pilgern im Emsland (Band 2, gegangen 2020, noch in Vorbereitung)

Sigwardsweg – Pilgern von Minden nach Idensen und zurück (Band 3, gegangen 2020, noch in Vorbereitung)

Mittelalterlicher Pilgerweg von Berlin nach Wilsnack – Pilgern mit Hund in Brandenburg (Band 4, gegangen 2021, erschienen Herbst 2023, ISBN: 9 783758 308550)

Annenpfad – Kurz-Pilgern in der Prignitz (Band 5, gegangen 2021 & 2022, erschienen Herbst 2023, ISBN: 9 783757 882525)

Jacobusweg Lüneburger Heide von Hamburg & von Lüneburg nach Kloster Mariensee – Jakobspilgern mit Hund und 9-Euro-Ticket (Band 6, gegangen 2022, erschienen Ende 2023, ISBN: 9 783755 739562)

Dithmarscher Jakobsweg – Pilgern mit Hund auf der Westküstenroute der Via Jutlandica (Band 7, gegangen 2022, erschienen Herbst 2023, ISBN: 9 783757 884147)

Jakobspilgern mit Hund von Hamburg nach Santiago de Compostela (I) – Teil 1: von Hamburg nach Trier –Via Baltica, Osnabrücker und Bergischer Jakobsweg sowie Via Coloniensis (Band 8, gegangen 2021-2022, noch in Vorbereitung)

Pilgern mit Hund von Hamburg nach Aachen (Band 9, von Hamburg bislang bis Werl gegangen 2022-2024, noch in Vorbereitung)

Via Romea Germanica (I) – Rom-Pilgern mit Hund, Teil 1: von Stade nach Nordhausen (Band 10, gegangen 2023, erschienen Januar 2024, ISBN: 9 783758 312854)

Pilgerscheune (Pilgerherberge) in Rehna

Jakobspilgern mit Hund von Hamburg nach Santiago de Compostela (II) – Teil 2: von Trier nach Vézelay – zwischen Via Coloniensis und Via Lemovicensis (Band 11, gegangen 2023, erschienen Februar 2024, ISBN: 9 783758 338267)

Klosterdreieck Ratzeburg – Rehna – Zarrentin: Pilgern mit Hund rund um den Schaalsee und über die einstige innerdeutsche Grenze (Band 12, gegangen April 2024, erschienen August 2024, ISBN: 9 783759 769657)

Europäischer Zisterzienser-Weg durch die UNESCO-Biosphärenreservate Schaalsee und Elbe – Pilgern mit Hund von Rehna nach Lauenburg (Band 13, gegangen Juni 2024, erschienen Oktober 2024, ISBN: 9 783758 350771)

Nordsee-Pilgerweg in Nordfriesland – Pilgern mit Hund von Lunden nach Tønder bzw. Løgumkloster (Band 14, gegangen Juli 2024, erschienen Oktober 2024, ISBN: 9 783759 761163)

Jakobspilgern mit Hund von Hamburg nach Santiago de Compostela (III) – Teil 3: von Vézelay nach Limoges – Via Lemovicensis / Voie de

Vézelay (Band 15, gegangen September 2024, erscheint Ende 2024, ISBN: 9 783758 350689)

Kloster-Café Rehna im Startbereich dieses Weges